ちくま新書

「ココロ」の経済学

――行動経済学から読み解く人間のふしぎ

依田高典
Ida Takanori

1228

「ココロ」の経済学——行動経済学から読み解く人間のふしぎ

【目次】

まえがき 007

第1章 経済学の中のココロ 011

1 合理的なホモエコノミカス
2 ブラックボックス化されたココロ
3 感情に揺れるココロ
4 行動経済学の誕生

第2章 躍《おど》る行動経済学 039

1 主役はサイモンからカーネマンへ
2 リスクの下の行動経済学
3 時間の上の行動経済学
4 踊り場の行動経済学

第3章 モラルサイエンスの系譜 069

1 偉大なスコットランド啓蒙主義
2 モラルサイエンスの曲がり角
3 経済学の制度化
4 経済倫理学の復権

第4章 利他性の経済学 101

1 情けは人のためならずか
2 内的動機に訴えかける
3 利他性の根源に迫る

第5章 不確実性と想定外の経済学 121

1 真の不確実性を探る
2 主観的確率の罠《わな》

3 想定外のリスクを織り込む
4 アニマルスピリッツの復活？——行動ファイナンスの誕生

第6章 進化と神経の経済学 147
1 進化論という異端の見方
2 進化論からココロを考える
3 ニューロエコノミクスの挑戦

第7章 行動変容とナッジの経済学 169
1 ココロは変わらない？
2 ナッジでココロを変える
3 ココロの経済学の向こうに

あとがき 197
参考文献 i

まえがき

本書のタイトルを『「ココロ」の経済学』としました。経済心理学でもなく、行動経済学でもなく、『「ココロ」の経済学』としたのは、既存の枠に囚われず、私なりのアプローチで、「ココロ」と「経済学」という相容れない2つの要素を統一感をもって、語り通したいという決意の表れです。

そうした決意の背景には、大学を巡る環境の変化があります。最近、高校生や予備校生、経済学部以外の大学新入生にも、経済学の魅力を分かりやすく伝えなければならない場面が増えてきたからです。もちろん、私はやり甲斐を持って、若者に経済学の魅力を伝える機会を楽しんでいます。文系・理系を問わず、「ココロ」と「経済学」の奇妙な組み合わせについて語ると、目を輝かして聞き入ってくれるという嬉しい体験を重ねてきました。

本書には、そうした経験値も盛り込まれています。

2009年に上梓した『行動経済学』（中公新書）は、行動経済学研究20年、渾身の力を込めて、京都大学経済学部の講義録を一冊にまとめました。読書のプロフェッショナルからは、巷に行動経済学本が溢れる中、「遅れて来た正当派」（小飼弾『新書がベスト』ベスト新書）という評価も頂戴しましたが、どちらかと言えば、数式もあったりして、新書としては、中身の濃過ぎた本だったかもしれません。

本書では、肩の力を抜いて、平易な言葉で、しかし、中身のレベルは落とさず、通常の行動経済学よりも広めのテーマを扱うことにしました。例えば、行動経済学の啓蒙書では、人間の行動の合理的ではない部分（限定合理性）が強調され、人間の面白い行動のエピソード集になっていることが多いのですが、本書では、経済学の起源から、必ずしも合理的とは言えない人間の感情的な側面が重視されてきたことを明らかにします。

また、一見、非合理的に見える人間の行動も、時間の不可逆性、真の不確実性が支配していた古代においては、進化論的に見て、種や個体の生存に有利な戦略であった可能性を指摘しました。人間の限定合理性には、生理学的な裏付けがあるのです。

本書は、全7章から構成されています。第1章では、「経済学の中のココロ」と題して、合理的なホモエコノミカス（経済人）を批判しながら、経済学の中に「ココロ」を取り戻す運動を説明します。第2章では、「躍《おど》る行動経済学」と題して、行動経済学の立役者であるサイモンやカーネマンの学問内容を説き明かします。第3章では、「モラルサイエンスの系譜」と題して、スコットランド啓蒙主義から、ケンブリッジのモラルサイエンスまで、行動経済学の歴史的起源を探ります。第4章では、「利他性の経済学」と題して、人間の見せかけの利他性と真の利他性を区別して論じます。

続けて、第5章では、「不確実性と想定外の経済学」と題して、確率的に扱えない不確実性と想定外の出来事を経済学的に掘り起こします。第6章では、「進化と神経の経済学」と題して、人間の限定合理性を進化心理学的立場から解き明かすと共に、その生理学的基礎を裏付けます。第7章では、「行動変容とナッジの経済学」と題して、分かっていても変われない人間の心のクセに注目し、より良い行動変容のための工夫（ナッジ）を論じます。読者の皆さまの興味ある章から、読み始めて頂ければ結構です。

今、経済学は戦国時代に入っています。ともすれば、形式的で無味乾燥になりがちだった経済学が、目の前の現実に答えられる生き生きとした学問になっています。私の先生である伊東光晴京都大学名誉教授から、新書というものは、平易に見えても、研究者としての先端の苦悩が伝わるものでなければならないと教えられて育ちました。本書の最後では、行動経済学に、近年の私の研究テーマでもある実験経済学やビッグデータ経済学を加えて、エビデンスを重視する21世紀の経済学の三本柱と名付けました。そうした経済学の新しい息吹の一端も、読者の皆さまが、本書から感じとって頂ければ、著者として幸いです。

本書の執筆において、筑摩書房の永田士郎氏からは、毎章に対して、感想を頂きました。根井雅弘京都大学教授からは、新書化にあたって、いつもながら温かい助言を頂きました。瀧澤弘和中央大学教授との議論は第1章、竹澤祐丈京都大学准教授との議論は第3章の参考になりました。記して感謝します。

第１章

経済学の中のココロ

本章のポイント

経済学では、合理的なホモエコノミカス（経済人）という人間像を仮定します。ホモエコノミカスの合理性と行動主義という前提にもとづき、行動を観察すればココロの中身をのぞかなくても、選好が分かるという顕示選好理論が生まれました。ココロのブラックボックス化です。

しかし、実際には、人間は、経済学が考えるように合理的ではありません。人間の限定合理性を重視する行動経済学は、経済学の中にココロを取り戻す復権運動なのですが、その名称に誤って、ココロをブラックボックス化した「行動主義」を冠したのは歴史の皮肉です。

1　合理的なホモエコノミカス

経済学は、モノやおカネを効率的に使って、人間の満足（「効用」と呼ばれます）や会社の利益（「利潤」と呼ばれます）を最大にするための学問です。伝統的な経済学が人間のココロをどうモデル化してきたかご存じですか。

冷徹無比で計算高い人間。お金ばかり重視する人間。自分の利益を優先する人間。残念ですが、あながち間違いではありません。こうした人間像をホモエコノミカス（経済人）と呼びます。

米国の人気SFドラマ「スタートレック」に登場する尖った耳と個性的な髪形が特徴のスポックを思い出しませんか。スポックは地球人と宇宙人のヴァルカン人とのハーフで、エンタープライズ号の副長を務めます。いちばん思い出に残るのは、スポックは「それは非論理的です」と言って、喜怒哀楽の激しい我らが地球人代表であるカーク船長をいつもたしなめるシーンです。感情に揺らがず、いつも合理的で冷静なところがスポックのホモエコノミカスらしさです。

もちろん、スポックがカーク船長と深い友情で結ばれたように、有名な経済学者が描いてきた人間像は、ホモエコノミカスほど単純なものではありません。イギリスのスコットランドが生んだ経済学の父アダム・スミス（1723-90）は、一方で人間を合理的な

スポック博士（左）とカーク船長

存在として認めながら、他方で他者への共感を忘れない社会的存在と考えました。

ホモエコノミカスの原型を作ったと言われるイギリスのジョン・スチュアート・ミル（1806-73）は、快楽の最大化を目指す功利主義的な一面を重視しながら、貧困の撲滅と弱者の自由を重視したヒューマニストでした。こうした経済学の二面性は、第3章で論じたいと思います。

†トロッコ問題と最後通牒ゲーム

経済学の思い描くホモエコノミカスの話を続けましょう。ここでは、経済学で有名な2つの社会的ジレンマを取り上げましょう。社会的ジレンマとは、個人の選択と社会全体の利益が一致せず、そこに葛藤や乖離が生じることを言います。

第一に紹介するジレンマは、「トロッコ問題」と呼ばれます。イギリスの倫理学者・哲学者フィリッパ・フット（1920-2010）は、次のような問題を提起しました。

トロッコ問題

線路を走っていた土木工事で使う四輪台車トロッコのブレーキが故障し、止まることができなくなりました。ところが、線路の先には、5人の作業員が工事作業をしています。このまま、スピードを加速して突っ込めば、5人は避ける間もなく、トロッコにひき殺されてしまうでしょう。

工事技師であるあなたは、たまたまこの光景を見ていました。あなたのそばに、1つの線路から2つの線路を分岐する装置があります。今の線路から別の線路に切り替えれば、5人の命は助かるでしょう。ところが、困ったことに別の線路にも、別の1人の作業員がいます。

あなたは5人の命を助けるために、別の1人の命を犠牲にするべきでしょうか。

個人の効用を最大化し、また、最大多数の最大幸福を最大化すべきだと考える「功利主義」の立場に立てば、あなたはトロッコの走路を別の線路に切り替えて、5人の命を救うために、1人の命を犠牲にすべきことになります。これが、ホモエコノミカスが出す合理的な答えです。あなたの答えも同じですか？

第二に紹介するジレンマは、「最後通牒ゲーム」です。このゲームは1980年代に経済学者の間で知られるようになり、主に人間の互酬性や利他性を調べる目的で使われます。

最後通牒ゲーム

相手が誰か分からないように、2人を1組にして、片方の人間にこう言います。「あなた方2人に1万円を差し上げます。ただし、この1万円をどう分けるかは、あなたが決めてくれて結構です。2人で分けても良いし、分けなくても良い。しかし、相手には拒否権が与えられていて、あなたの申し出る分配額に不満ならば、相手は受け取りを拒否できます。その時は、1万円の全額が没収されてしまいます」

あなた方に1万円あげます。どう分けるかはあなた次第ですよ。
フフフ
拒否権あり

ホモエコノミカスならこう考えます。相手に拒否権があるので、1万円を全部自分が取って、相手が拒否したら、自分は何ももらえなくなってしまいます。それなら、幾ら分配すれば良いでしょうか。半分の5000円でしょうか。それとも……。合理的に考えれば、相手はお金の最小単位の1円でももらえれば、何ももらえない（つまり0円）よりはましなわけだから、きっと相手は受諾するだろう。これが、ホモエコノミカスの出す合理的な答えです。あなたの答えも同じですか？

もしも以上の2つの問題に対するあなたの答えが異なるならば、あなたは冷徹無比で合理的なホモエコノミカスではありません。この本では、あなたのような生身の人間の意思決定を取り上げていきます。経済学に、ココロを取り戻すための第一歩として。

2 ブラックボックス化されたココロ

✝ホモエコノミカスの特徴——合理性

経済学のホモエコノミカス像では、重要な仮定が2つあります。ひとつは「合理性」、もうひとつは「行動主義」です。それぞれ、見ていきましょう。

まず、**合理性とは、人間の好み（「選好」と呼ばれます）に関して、最低限成り立つと考えられる約束ごとです**。この約束ごとに矛盾があってはいけません。具体的には、こういうことです。

人間が、選好に関して、完備性と推移性を兼ね備えることが、ここでいう合理性です。リンゴの効用はミカンの効用よりも大きいという、効用の大小関係を数学的順序関係で表現するには、この2つの合理性を満たすことが必要です。合理性の仮定のもとで、人間の好みを表す選好と、人間の満足を表す効用の大小関係を結びつけることができるのです。

この合理性はもっともらしく思われます。リンゴとミカンの好みを決められないような

完備性

２つの財があると仮定します。たとえば、リンゴとミカンとしましょう。あなたはリンゴとミカンに対して、リンゴが好き、ミカンが好き、あるいは、どちらも同じくらい好きという明確な好みを持っています。

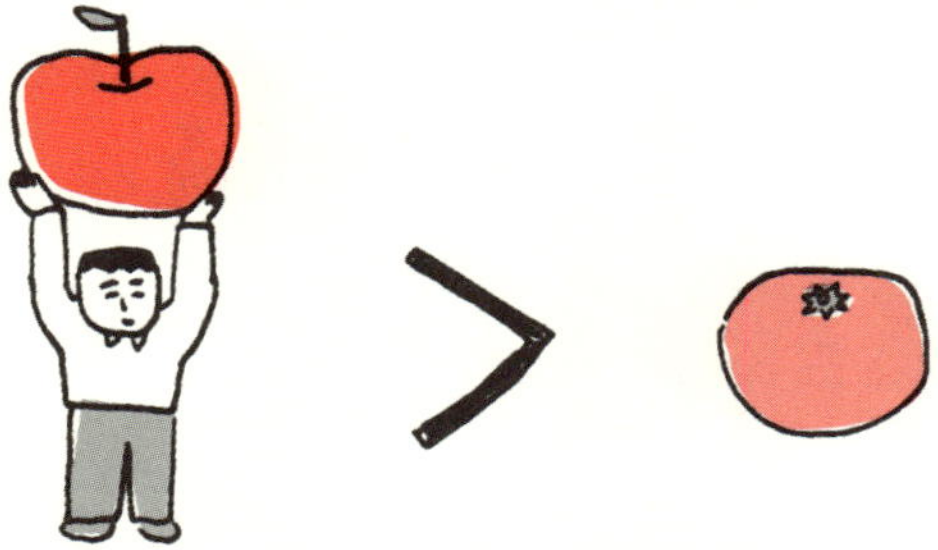

推移性

３つの財があると仮定します。たとえば、リンゴとミカンとレモンとしましょう。あなたはレモンよりもミカンが好き。ミカンよりもリンゴが好き。この時、あなたはレモンよりもリンゴが好きです。

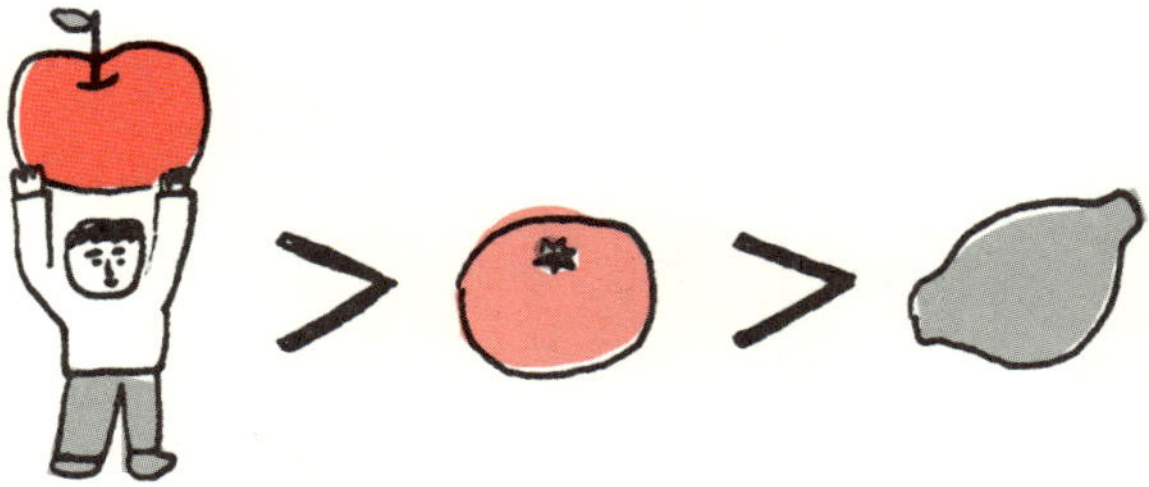

人、ミカンよりもリンゴ、レモンよりもミカンが好きだが、リンゴよりもレモンが好きな人はいますか？　そのような人は、合理性をそなえたホモエコノミカスではありません。

行動主義の誕生

次に、行動主義に目を向けてみましょう。行動主義とは本来、心理学の言葉です。心理学と言えば、人間の無意識に分析のメスを入れたオーストリアの精神分析学者ジークムント・フロイト（1856－1939）を思い浮かべますね。昨晩見た夢からあなたのココロを読み解き、果ては幼少の時代に受けた性的なトラウマからココロの病を解き明かしてしまうのが、精神分析です。

行動主義は、フロイトの精神分析学と同じ時代の心理学の学派ですが、そのアプローチは正反対です。行動主義では、人間のココロの中身が分からなくても、観察される行動から人間の好みが分かると考えるのです。ココロは外部からは見えないのだから、ココロを分からないもの（ブラックボックス）として、行動のみを考察の対象とします。フロイト派の精神分析に顕著でしたが、臨床の際に精神分析医が信じる学説にとって都合の良い解釈を、目の前の患者に押しつけてしまう傾向がありました。

行動主義心理学は、目に見えないココロではなく、目に見える行動に注目します。行動主義の代表的提唱者であるアメリカのバラス・スキナー（1904－90）は、目に見える刺激と行動の間の学習に注目しました。例えば、ベルの音が鳴った時にレバーを押せば、餌がもらえるようにした箱の中のネズミは、最初のうちはたまたまレバーを押しただけの状態から、やがてベルの音が聞こえればレバーを押すようになります（これを「オペラント条件付け」と言います）。行動の原因を目に見えないココロに求めない。これが行動主義なのです。

……なにやら議論が迷走しはじめました。経済学はココロをどのように扱ってきたのかという議論をめぐって、読者といっしょに大海原へ旅に出たはずが、出航してただちに船が座礁したようです。行動主義の森にも迷い込んでしまいました。ここで議論を経済学のほうへ戻すことにしましょう。

†サミュエルソンが行動主義を経済学にもちこむ

学問は1人の導師が現れて、流れを導きます。20世紀を代表するアメリカの大理論経済学者ポール・サミュエルソン（1915－2009）は、合理性と行動主義を総合し、その後の経済学の流れを決定づけました。

サミュエルソンは、合理的な消費者は、予算の範囲内で、選択しうるさまざまな商品の組み合わせの中から、自分が最も好む商品を購入し、その行動を通じて、自分の好みである選好を反映すると考えました。このサミュエルソンの考えは、観察される行動の中に選好が顕示されるという意味で、「顕示選好」と呼ばれます。先ず、サミュエルソンの定義した「顕示選好の弱公理」を分かりやすく説明しましょう。

顕示選好の弱公理

リンゴとミカンをどちらか1個購入できる時、リンゴを1個買った消費者が、別の機会にミカンを1個買ったとしたら、その時の予算と価格の条件のもとでは、リンゴを買えなかったからだ。

つまり、こういうことです。ある日、あなたが八百屋さんに行って、リンゴとミカンのどちらか好きな方を買える時にリンゴを買った、ということが観察されれば、あなたにとって、リンゴの効用がミカンの効用よりも高いのだと言えます。

例えば、財布に150円、リンゴが150円、ミカンが100円の時、あなたはリンゴを買います。仮に、リンゴを買わずに、ミカンを買えば、50円余りますが、それをしないのは、あなたのリンゴの効用がミカンの効用よりも高いからです。

別の日に、あなたが八百屋さんに行って、リンゴではなく、ミカンを選んだことが観察されれば、その時の予算と価格のもとでは、リンゴが買えなかったからだと言えます。
例えば、財布に150円しかないのに、リンゴが200円、ミカンが150円に値上がりしていれば、リンゴは買えないので、ミカンを買うことになります。

分かったような分からないような話ですね。しかし、このサミュエルソンの顕示選好の影響はとても大きいものでした。効用は第三者が目で見て測ることができません。しかし、買う買わないという行動は容易に観察できます。

以来、経済学者は人間のココロの中身をあれこれ想像することなく、合理的な行動だけを観察すれば、選好＝効用を知ることができると考えるようになります。サミュエルソンの顕示選好理論は、行動主義的心理学を経済学のなかに持ち込んだわけです。それが、経済学におけるココロのブラックボックス化につながったわけですから、なんとも皮肉な話です。

BOX 経済学者① ポール・サミュエルソン（1915-2009）

20世紀後半の偉大な経済学者を数える時に、サミュエルソンの名前をあげる人は多いでしょう。人呼んで、「最後の万能経済学者」。特定の分野だけではなく、理論経済学の全ての分野で

P・サミュエルソン

卓越した業績を上げたという意味です。サミュエルソンは16歳で名門シカゴ大学に入学し、26歳でハーバード大学で博士号を取得した早熟の天才です。

　1930年代のハーバード大学は、オーストリア出身のヨゼフ・シュンペーターが教鞭を執り、優秀な教師・学生が集い、経済学の覇権をアメリカが握りつつあった時代に重なります。その後、サミュエルソンは、マサチューセッツ工科大学（ＭＩＴ）で教え、同校を経済学研究のトップ校に押し上げました。

　サミュエルソンの名前を一躍高めたのは1947年に出版された『経済分析の基礎』であり、経済理論を数理経済学的に再構築したその研究書は長らく理論経済学徒の必読の一冊となりました。また、1948年には、一般読者向けに『経済学』を世に出し、世界中の大ベストセラーともなりました。優秀なアメリカの若手経済学者に授与されるジョン・ベーツ・クラーク賞の第1回受賞者となり、計量経済学会会長、アメリカ経済学会会長の要職を歴任し、1970年には、第2回ノーベル経済学賞を授与されました。

　だからといって、サミュエルソンは、象牙の塔に安住したわけではありません。彼は新聞・雑誌のコラムでも、精力的に活躍し、戦後間もない時代の失業問題、オイルショック前後のインフレーション問題に時論を発表しました。また、ジョン・F・ケネディの経済政策ブレーンとしても有名であり、不完全雇用下において有効需要政策を重視するケインズ経済学が成り立ち、完全雇用下において市場メカニズムを重視する新古典派経済学が成り立つという二分法を主張する「新古典派総合」の提唱者としても名を馳せました。

3 感情に揺れるココロ

経済学が扱うホモエコノミカスは、合理性と行動主義で成り立っています。サミュエルソンの顕示選好理論は、この2つの仮定から、経済学者は人間のココロの中身を知らずとも、行動を観察すれば、選好=効用を知ることができると考えました。

ここで、異議があります。人間は、「スタートレック」のスポックのように、感情に惑わされることのない合理的な存在でしょうか。いいえ、私たちは、宿題や仕事がたまっているのにテレビを見てしまう、健康に良くないと分かっていてもタバコやお酒が止められない、そういうココロの弱さを誰もが持っています。人間の持つ豊かな喜怒哀楽を無視したホモエコノミカスだけで、現実の経済を理解するには無理があります。

先ほどのトロッコ問題を考えてみましょう。5人を犠牲にするよりは、犠牲者を1人だけにした方が良いと分かっていても、実際には自分が分岐装置のレバーを押して、特定の犠牲者を生むことに抵抗を感じます。できれば、一人も犠牲者を出したくない。功利主義の論理にしたがって単純に最大多数の最大幸福の原理を選ぶことができず、何も具体的な行動を選べない愚か者を演じることになりがちです。

最後通牒ゲームについても同様です。「相手にしてみれば、何ももらえないよりはましなわけだから、1円だけでも分配すれば相手は拒否権を発動しない」という考え方は本当に正しいでしょうか。実際には、9999円を自分の手元に、1円だけを相手にという分配は、相手からは拒否されてしまい、自分の手元には何も残らなくなります。それでは1000円ならどうでしょう。2000円ならどうでしょう。

このように考えていき、多くの方は相手に拒否されない分配額を平均して4000円程度と考えるようです。慎重に、半分半分の5000円を選ぶ方もかなりいます。つまり、人間はホモエコノミカスのように利己的には振る舞えず、想像以上に公平性を重んじる存在なのです。

同様に、行動が分かれば選好（＝効用）を知ることができるという「行動主義（顕示選好理論）」にも疑問のまなざしが向けられます。この行動主義の考え方の前提にあるのは、「人間のココロには、安定した選好が備わっていて、効用の大小比較で行動の順序が定まる」というものです。

しかし、人間の選好はあらかじめ定まっているものでしょうか。この考えに疑問を投げかける理論が、社会心理学の「フレーミング効果」と「認知的不協和」です。それぞれ、見ていきましょう。

†フレーミング効果と認知的不協和

まず、フレーミング効果とは、本来、同じ内容を表すにもかかわらず、表現の仕方（これが「フレーム」と呼ばれます）によって、人間側の受け止め方、したがって選好が変化することを表します。例を挙げて、説明しましょう。

フレーム①は、700人の命を救うという情報が先に与えられていますから、そのフレームに引きずられて、賛成する人の比率が高く出ます。他方で、フレーム②は、300人が亡くなるという情報が先に与えられていますから、そのフレームに引きずられて、反対する人の比率が高く出ます。このように、フレーム次第で、人間のココロはいとも簡単に誘導されてしまうのです。

フレーミング効果

不治の病を治す画期的な新薬が開発されました。あなたはこの新薬の利用に賛成しますか。反対しますか。

フレーム①

この新薬は、1000人の病気に苦しむ人のうち、700人の命を救うことができます。その代わり、副作用のために300人が亡くなります。

フレーム②

この新薬は、1000人の病気に苦しむ人のうち、副作用のために300人が亡くなります。その代わり、700人の命を救うことができます。

認知的不協和

次に、認知的不協和とは、アメリカの心理学者レオン・フェスティンガー（1919－89）によって提唱されたココロの中の葛藤の解消方法です。認知的不協和とは、人間のココロの中に、相反する2つの認知を抱えた心理的葛藤状態のことを言います。その有名な事例に、イソップ物語の「キツネの酸っぱいブドウ」のお話があります。

認知的不協和

キツネが歩いている時、おいしそうに実っているブドウの木を見つけました。キツネがブドウを食べようと跳び上がっても、ブドウの実は高く、どうしても届きません。何度跳んでも届かず、キツネはとうとう諦めて、悔し紛れに、「どうせこんなブドウは、酸っぱくてまずいに違いない」と吐き捨てて去って行きました。

キツネの認知的不協和を解きほぐしてみましょう。キツネは美味しそうなブドウを見つけて食べたいと思います（認知①）。ところが、キツネは跳べども跳べどもブドウに届かないという事実を知ります（認知②）。この認知①と認知②の葛藤を解消するために、キツネは、認知①を変更して、このブドウの実はまずいんだと自分に言い聞かせます（認知③）。要するに、キツネは認知①と認知②の不協和を解消するために、認知①を認知③に変更するという行動をとったのです。

この認知的不協和の教訓は何でしょうか。行動によって認知を変え、不協和を解消したことにあります。行動主義では、選好を安定的なものとしてとらえ、行動から選好を知るという考え方があります。しかし、認知的不協和では、選好は変化し得るものであり、行動をとることによって、無意識のうちに選好を変えてしまう（不協和を解消する）と考えるのです。

BOX 研究紹介① 原発事故をめぐる認知的不協和

私と共同研究者は、この認知的不協和理論が2011年3月の東日本大震災とその後の福島第一原発事故以降の揺れる消費者心理をうまく説明すると考えました。我々の調査によれば、約8割の回答者が原子力発電シェアを将来的に低下またはゼロにさせるべきだと思う一方で（認知①）、約6割の回答者が電気料金の値上げには反対だと思っています（認知②）。まさに、認知的不協和の状況です（Ida, Takemura, and Sato〔2014〕）。

ここで、私達は、回答者に「原発反対・値上がり容認」か、「原発容認・値上がり反対」の選択肢を提示して、どちらか一方を選んでもらいました。その結果は予想どおり、無理な選択の前後で、「原発反対・値上がり容認」を選んだ回答者はより「原発反対・値上がり容認」に選好が変化し、「原発容認・値上がり反対」を選んだ回答者は「原発容認・値上がり反対」に選好が変化していました。選択という行動が、選好をより極端な方向に変えてしまったのです。

このように、認知的不協和が発生している状態で、どちらか一方の選択肢を無理やり選ばせてしまうと、自分はこんな選択をしたのだから、こちらの選択が好きだったに違いないと、たまたまとってしまった自分の行動や態度に固執してしまうのです。そのような場合は、ひとつの解決策として、今は無理をしてどちらか一方を選ばないという「第三の選択肢」を与えてやると、回答者の効用が10%以上も上昇することも分かりました。

4 行動経済学の誕生

人間は、経済学者が考えるような合理的な存在ではありません。その時、行動から選好を測るという行動主義は見直しを迫られ、ココロのブラックボックス化は破綻します。経済学におけるココロの復権が始まるのです。

ハーバート・サイモン（1916-2001）は、そうした新しい経済学の旗手でした。サイモンは、1955年に「合理的選択の行動モデル」と題した論文の中で（Simon〔1955〕）、人間の合理性が完全でないことを「限定合理性」と名づけました。限定合理性とは、人間の持つ情報は完全でなく、認知能力にも限界があり、計算処理の費用もゼロではないので、効用を最大化する行動を選択するのではなく、せいぜい満足化に甘んじなければならないことを主張しました。

あわせて、サイモンは、経済学における選択肢があらかじめ与えられている想定を批判して、問題解決のために選択肢を発見する過程が重要であるとも主張しました。選択肢の探索と評価には、時間と費用が共にかかるので、人間は簡便な問題解決法を用いて、満足のできる選択肢の発見に努めるのです。サイモンは、この簡便な問題解決法を「ヒューリスティクス」と呼びました。

サイモンが先鞭を付けた限定合理性の着想は、その後、ダニエル・カーネマン（1934-）とエイモス・トヴァスキー（1937-96）というイスラエル出身のアメリカで活躍した心理学者、さらにその流れを受け継いで経済学への同化を図ったアメリカの経済学者リチャード・セイラー（1945-）によって展開されていきます。限定合理性の立場から、経済理論の規範性を批判的に吟味し、より現実的な記述性の高い理論の構築を目指す「行動経済学」の誕生です。行動経済学については第2章に譲りましょう。

†「行動経済学」という名称のふしぎ

それにしても、不思議に思うことがあります。行動経済学は、本来、ココロをブラックボックス化する行動主義への挑戦なわけですから、行動経済学という名称はなんとも紛らわしい。誤解を招くとさえ、言えるかもしれません。

歴史上、行動経済学という言葉が確実に使われたとして記録に残っているのは、194

0年代のミシガン大学の心理学者ジョージ・カントナ(1901-81)であったと言われます。ただし、あくまで、行動主義意思決定科学の一分野として使っただけであり、今日のようにひとつの独立した学問分野として確立されていたわけではありません。

今日的意味に近い形で、行動経済学を使い始めたのは、1950年代に入ってからで、その先鞭をつけたのはやはりサイモンのようです。ただし、サイモンは限定合理性の立場から、伝統的経済学に強い批判を展開しており、行動経済学はまだ反・経済学的だったようです。また、理論全盛時代の主流派経済学者達も、行動経済学を主要な位置にないととらえており、行動経済学が経済学の中枢に食い込んで本格的に研究された痕跡はまだありません。

情勢が変わったのは、1980年代、ファイナンスの分野で、限定合理性やヒューリスティクスが注目されだし、アメリカのスローン財団がこうした意思決定の研究に大きな予算を付けると決めた時です。サイモンの意見が取り入れられ、「行動経済学プログラム」と名付けられました。

しかし、サイモンは主流派経済学批判の急先鋒であったことから、財団の中で運営方針の対立があり、財団のプログラムの運営はカーネマンやセイラーのような、主流派経済学とも折り合いを付けながら研究を進める一群が中心になっていきました。こうした経緯は、

Google Scholar によるキーワード検索

	1980-84	1985-89	1990-94	1995-99	2000-04	2005-09	2010-14
Economic Psychology	354	798	1,300	2,230	5,330	12,700	16,500
Behavioral Economics	287	641	825	1,360	4,380	12,700	17,300

注）検索結果は2015年11月２日時点。

Heukelom（2014）が参考になります。

25年前、私が京都大学の大学院に入学し、第1回の演習で、セイラーの異時点間選択の論文（Loewenstein and Thaler〔1989〕）を発表した頃を思い起こすと、当時はどちらかと言えば、行動経済学ではなく、経済心理学という名称を使っていました。国際経済心理学研究学会（International Association for Research in Economic Psychology）から、Journal of Economic Psychology という機関誌も刊行されたばかりでした。

一例を挙げてみましょう。上の表に掲載された数値は、２０１５年11月における Google Scholar による Economic Psychology（ＥＰ）と Behavioral Economics（ＢＥ）のキーワード検索の結果です。両者とも、論文数の増加は著しいですが、１９８０年代初頭から２０００年代初頭までは一貫して、ＥＰの方がＢＥを上回っています。しかし、２０００年代後半に、ＢＥがＥＰに追いついて、２０１０年代前半にやっと逆転したのです。当然、こうした過程では、心理学者カーネマンが２００２年にノーベル経済学賞を授与されたことや、経済学者セイラーが全米経済学会の機関誌 Journal of Economic Perspectives で、行動経済学のコラムを書き、主流派経済学者における知名度を高める努力を続けたことが大きいと想像されます。

それにしても、合理性を重視する伝統的経済学が心理学の行動主義を受け入れ、ココロをブラックボックス化する流れに沿って発展したにもかかわらず、サイモンなどから、ホモエコノミカスの想定する合理性に対して強い批判が出されるようになると、ココロのブラックボックス化が疑問視されるようになりました。にもかかわらず、行動主義の痕跡だけは残り続け、やがて行動経済学という名称で定着し、サイモンが行動経済学研究の第一線から引いていった後、カーネマンやセイラーによって、主流派経済学と再び合流していく形で、大きな影響力を持つようになったわけです。歴史の皮肉としか言いようがありません。

BOX 経済学者② ハーバート・サイモン（1916-2001）

サイモンは、サミュエルソン同様、現代の知の巨人です。サミュエルソンが万能経済学者であったのに対して、サイモンのカバーした学問は経済学、政治学のみならず、心理学、人工知能、経営学、組織論、言語学、社会学、システム科学にまで及びます。とりわけ、今日、行動経済学と呼ばれる新しい行動主義的意思決定科学に対するサイモンの貢献は大きいものがあります。

サイモンは1916年に、アメリカのウィスコンシン州で生まれました。サイモンの父親はドイツ生まれの電気技師であり、母親はピアニストでした。母方の親族に、若くして亡くなりましたが、ウィスコンシン大学の経済学者がいたことが、サイモンの経済学への興味を育てたようです。サイモンは1933年にシカゴ大学に入学し、経済学や政治学を学ぶと共に、人間科学を数理的に裏づけるような研究に憧れました。サイモンはシカゴ大学の大学院に進学しながら、カリフォルニア大学バークレー校でオペレーションズ・リサーチの研究プロジェクトにもかかわりつつ、1942年に政治学の博士号を取得しました。

ハーバート・サイモン

サイモンにとって、大きな転機になったのは1949年にコンピューター・情報科学に強いカーネギーメロン大学に移籍し、行動科学や組織科学に関する研究を本格化させたことです。次第に、伝統的経済学の合理性に対して強い批判を繰り返すようになり、コンピューター科学を積極的に活用していきました。そこで、限定合理性という新しい概念を提唱し、人工知能の先駆的研究まで行いました。こうした業績に対して、サイモンは1975年にチューリング賞、1978年にはノーベル経済学賞を授与されました。

第２章
躍る行動経済学

本章のポイント

行動経済学は、財団のプロパガンダを経て、主流派経済学の中で重要な役割を果たしていくようになります。その中心人物は、サイモンではなく、カーネマンでした。カーネマンは、生身の人間の合理性からの逸脱をバイアスと名付けました。そして、行動経済学のバイアス研究は、主流派経済学の規範性の主柱である期待効用や割引効用のアノマリーを説明する方向に進んでいきました。当初は経済学批判であったはずの行動経済学は、主流派経済学の周りを回る惑星のような学問になったのです。

1　主役はサイモンからカーネマンへ

第1章では、行動経済学の「行動」が、ココロをブラックボックス化する心理学の「行動主義」に帰因しながら、限定合理性の提唱者であるサイモンが主流派経済学の合理性を批判する時に、さして深い意味もなく使われていた「行動経済学」の名称を広めてしまったという歴史の皮肉を垣間見ました。

それでは、第2章では、行動経済学の主要内容を垣間見たいと思います。もっとも、行動経済学の面白おかしい内容を余すことなくお伝えするには、1冊の本をついやして説明しても足りないくらいです。同じことを1章で試みるのはかなり無理があります。しかし、そこは任せて下さい。学生として、教師として、長い間、行動経済学（かつては「経済心理学」と呼んでいましたが）に関わってきた立場から、これさえ押さえておけば大丈夫という行動経済学のツボを厳選して解説していきましょう。

行動経済学の主役は、もはやサイモンではありません。サイモンはあまりに厳しく経済学を批判しすぎたために、限定合理性・ヒューリスティクス・満足化など、きらめくような造語だけ残して、経済学に背を向けてしまいました。経済学者も、サイモンを敬して遠ざけたようです。そうした状況で上手に立ち振る舞ったのが心理学者のカーネマンです。カーネマンは、「自分は経済学者ではない（心理学者だ）」と言い続けながら、2002年、ノーベル経済学賞が行動経済学の分野に授与された時に、ちゃっかりと栄冠を射止めました。ノーベル賞講演論文の副題は「行動経済学のための心理学」でした。

もちろん、共同研究者のトヴァスキーが存命であったなら、カーネマンとの共同受賞だったでしょうが、残念ながら1996年に逝去していました。可哀想だったのは、経済学の立場で、行動経済学者の確立にいちばん尽力したセイラーです。2013年にノーベル経済学賞が、行動経済学の金融投資行動への応用である行動ファイナンスの分野に授与された時も、栄冠はロバート・シラー（1946－）だけに輝き、またしてもセイラーの頭を通り過ぎてしまいました。その理由ですが、カーネマンが受賞した時は、実験経済学のヴァーノン・スミス（1927－）、シラーの受賞の時は金融経済学者のユージン・ファーマ（1939－）や計量経済学者のラース・ハンセン（1952－）との共同受賞であり、行動経済学分野の単独受賞ではなかったために、席が足りなかったのです。

†カーネマン「バイアスには法則がある」

前置きが長くなりました。カーネマンの貢献に話を戻しましょう。サイモンが提唱した限定合理性のもとでは、人間は与えられた条件の中で最適な答えを求めるわけではありません。選択肢の探索と評価に時間をかけなければならないため、最適ではなくても満足できる選択肢の発見に努めるのです。サイモンはこれをヒューリスティクスと呼びました。サイモンの考えを継承し、今では行動経済学と呼ばれる一大分野を作り上げたのがカーネマンです。現実の意思決定と最適な意思決定との間には乖離が生じますが、その乖離のことを「バイアス（偏り）」と呼びます。ここでは、特に有名な3つのバイアスをあげましょう。カーネマンの事例を分かりやすくアレンジしています。

代表性（レプレゼンタティブネス）バイアス

代表性バイアスとは、人間が判断する際に論理や確率の合理性に従わず、サンプルAがサンプルBにどのくらい似ているかとか、どのくらい典型的であるかという基準に依存することを表します。

例えば、A子さんは35歳、結婚して5年、明るく社交的だとします。留学しMBAも獲得しています。この時、A子さんは1児の母親かつキャリアウーマンだという確率が、1児の母親だという確率よりも高く見積もられてしまうのです。本当は、前者（母親かつキャリアウーマン）は後者（母親）の部分集合なので、前者の確率の方が低いのです。

想起しやすさ（アベイラビリティ）バイアス

想起しやすさバイアスとは、心に思い浮かびやすい思い出や事柄に過大な評価を与えてしまうことを表します。

例えば、3文字目に「流」の字を使う四字熟語を挙げてもらう時に、「○○流転」という条件と「○○流○」という条件を付けると、より条件が制約的な前者の方が熟語を思いつきやすいものです。しかし熟語の数としては、生々流転のほかにも、不易流行、行雲流水など、3文字目に流の字を使う熟語のほうが多く、後者の条件を満たす熟語のほうがたくさんあるのです。

係留（アンカー）バイアス

係留バイアスとは、人間が最終的な答えを得る過程で、初期情報に依存し、出発点から目標点の間に、十分な心理的調整ができないことを表します。

例えば、パターン1で、富士山の標高は3000m以上か否かという質問の後に、富士山の標高は何mかを聞きます。パターン2では、富士山の標高は4000m以上か否かという質問の後に、富士山の標高は何mかを聞きます。実際の富士山の標高は3776mですが、最初の質問の標高の情報に引きずられ、パターン2（4000m以上か否か）の方が、パターン1（3000m以上か否か）よりも、標高を高目に見積もる回答が多くなってしまいます。

ここで大切なことは、バイアスには法則性があることです。人間はホモエコノミカスのようには合理的ではありません。だからといって、全くの非合理な存在でもありません。合理性からの乖離（バイアス）の仕方にはルールがあり、しかもその多くは人間共通なのです。年齢・性別・文化差もあまり影響しません。なぜ回答が合理的ではないのかと説明を受けた後でも、同じ質問をされればやはり同じように不合理な回答をしてしまう。だから、単なる誤りでもありません。**バイアスは遺伝で定められた認知システムの根っこの部分にかかわっている**のです。

カーネマンは、自身のノーベル賞講演で、人間の認知システムは2つあると言っています（Kahneman〔2003〕参照）。

カーネマンの2つの認知システム

システム①　自動的に高速で働き、努力は不要だが、感情を伴うシステム
システム②　複雑な計算など、努力と時間を必要とし、注意を伴うシステム

システム①は、より本能的で、生物が進化の途上で獲得した形質に依存した認知の仕組みです。後ほど説明しますが、喜怒哀楽などの情動、記憶、欲望などをつかさどる大脳の古い部分である辺縁系が関係していると考えられます。こちらのシステム①が、バイアスを生み出す原動力となっています。

システム②は、より理性的で、人間のみが進化の途上で獲得した形質に依存した認知の仕組みです。計画的な知的活動などをつかさどる大脳の新しい新皮質が関係していると考えられます。こちらのシステム②が、ホモエコノミカスの合理性を支えます。

BOX 経済学者③ ダニエル・カーネマン（1934－）

カーネマンは、サイモンの限定合理性を継承しながら、行動経済学という新しい経済学を創設しました。ただし、カーネマンは、もともと、経済学者ではなく心理学者です。カーネマンは1934年にイスラエルのテルアヴィヴで生まれました。父親は化学工場の主任であり、一家はフランスのパリで過ごしていました。しかし、第2次世界大戦時にナチス・ドイツの侵攻を受け、このユダヤ人一家の運命は暗転します。

ナチス占領下のパリ時代のエピソードがあります。ある夕方、カーネマンはユダヤの民族のシンボルであるダビッドの星を胸に付けて街を歩いていたところ、前方からユダヤ人から蛇蝎《だかつ》のように嫌われていたドイツ人親衛隊がやってきました。カーネマンは見つからないように必死にダビッドの星をセーターで隠しましたが、ドイツ人兵士はどんどん近づいて来ます。万事休すと思ったその時、ドイツ人兵士はおもむろにカーネマンを抱き寄せ、自らの財布から自分の息子の写真を見せ、いくばくかのお金をくれたのだと言います。「人間は複雑で面白い。」こうして、カーネマンは心理学に興味を持っていきます。

大戦後、カーネマンは1948年にパレスチナに移住し、エルサレムのヘブライ大学で心理学と数学を学びました。その後、イスラエル国防軍の兵役に就き、ヘブライ大学の奨学金でアメリカに留学し、1958年にカリフォルニア大学バークレー校で博士号を授与されました。その後も、ヘブライ大学で教職に就きながら、欧米を頻繁に行き来します。この間、最も重要な出来事は、ヘブライ大学の同僚のエイモス・トヴァスキーとの共同研究です。夜型のトヴァスキーと朝型のカーネマンの共同研究は、ランチから始まり午後まで数時間続きました。最初のうちは、彼らの限定合理性に関する研究は、合理的な意思決定理論の立場から受け入れられませんでした。しかし、実証結果の蓄積に伴い、風向きが変わり、バイアスの論文が1974年に科学誌のSCIENCEに、後述のプロスペクト理論の論文が1979年に経済学誌のECONOMETRICAに掲載されました。この2つの心理学の枠を超えた経済学の業績が、後に大きな経済学賞の栄誉に結びつきます。

D・カーネマン

その後、カーネマンは活躍の舞台をカナダ、アメリカに移し、1978年にブリティッシュコロンビア大学、1986年にカリフォルニア大学バークレー校を経て、1993年にプリンストン大学教授となりました。2002年にノーベル経済学賞を授与されましたが、残念なことに、盟友のトヴァスキーは1996年に亡くなっており、共同受賞はかないませんでした。

2 リスクの下の行動経済学

期待効用

カーネマンが、トヴァスキーと一緒に、最も大きな貢献を残した分野が、リスク下の意思決定理論です。「リスク」とは、一言でいえば、確率の世界のことです。確率が高いのが小さいリスク。確率が低いのが大きいリスク。サイコロを振れば、6分の1の確率で1の目が出ます。もっとも、サイコロを6回振れば、1の目が必ず1回出るとは限りません。たくさん、たくさん、それこそ無限に振れば、1の目が出る頻度は6分の1に収束することでしょう。つまり、リスクとは、繰り返しが可能な世界での概念なのです。では、繰り返しが不可能な世界（これを不確実性と呼ぼうと思います）の意思決定はどうなるのでしょうか？　リスクと不確実性の似て非なる世界はもっと大きなテーマです。それは、本書の後半で取り扱いましょう。

さて、リンゴとミカンの選好から話を始めます。リンゴの方がミカンよりも好き。この関係を、経済学では、人間の満足の大きさを表す効用関数で表現します。

効用（リンゴ）＞効用（ミカン）

ここで、確率で表現するリスクの世界を考えてみましょう。リンゴが手に入る確率も、ミカンが手に入る確率も同じ50％であれば、あなたの好みはどうなるでしょうか。左辺右辺に同じ確率を掛け合わせるのだから、不等号の向きも一緒だと考えるのが自然です。

50％×効用（リンゴ）＞50％×効用（ミカン）

効用に確率を掛けて期待値をとるので、これを「期待効用」と言います。この期待効用を考えついた人は、ゲーム理論という経済学の大きな分野を確立した、ナチス圧政の戦時下のヨーロッパを逃れ、アメリカの大学町プリンストンで教授職を得たハンガリー出身のジョン・フォン・ノイマン（1903-57）とドイツ出身のオスカー・モルゲンシュテルン（1902-77）です。

†プロスペクト理論

さて、リンゴとミカンを離れて、お金の話にしてみましょう。実際に、カーネマンが考案したタイプの二者択一問題があります。

2つのリスクの二者択一問題

問題1　AまたはBのどちらを選びますか？
　選択肢A　確率80％の4万円　or　選択肢B　100％確実な3万円
問題2　CまたはDのどちらを選びますか？
　選択肢C　確率20％の4万円　or　選択肢D　確率25％の3万円

多くの人が、問題1では選択肢Bを選び、問題2では選択肢Cを選びます。ところが、この回答は経済学者を困らせてしまいます。数式で表すと分かりやすいので、問題1でAよりもBを選ぶ期待効用を書いてみましょう。

80％　×　効用（4万円）　＜　100％　×　効用（3万円）

左右の両辺に正の定数を掛けても不等号は逆転しませんから、左右の両辺に25％を掛ければ、次式を得ます。

20％　×　効用（4万円）　＜　25％　×　効用（3万円）

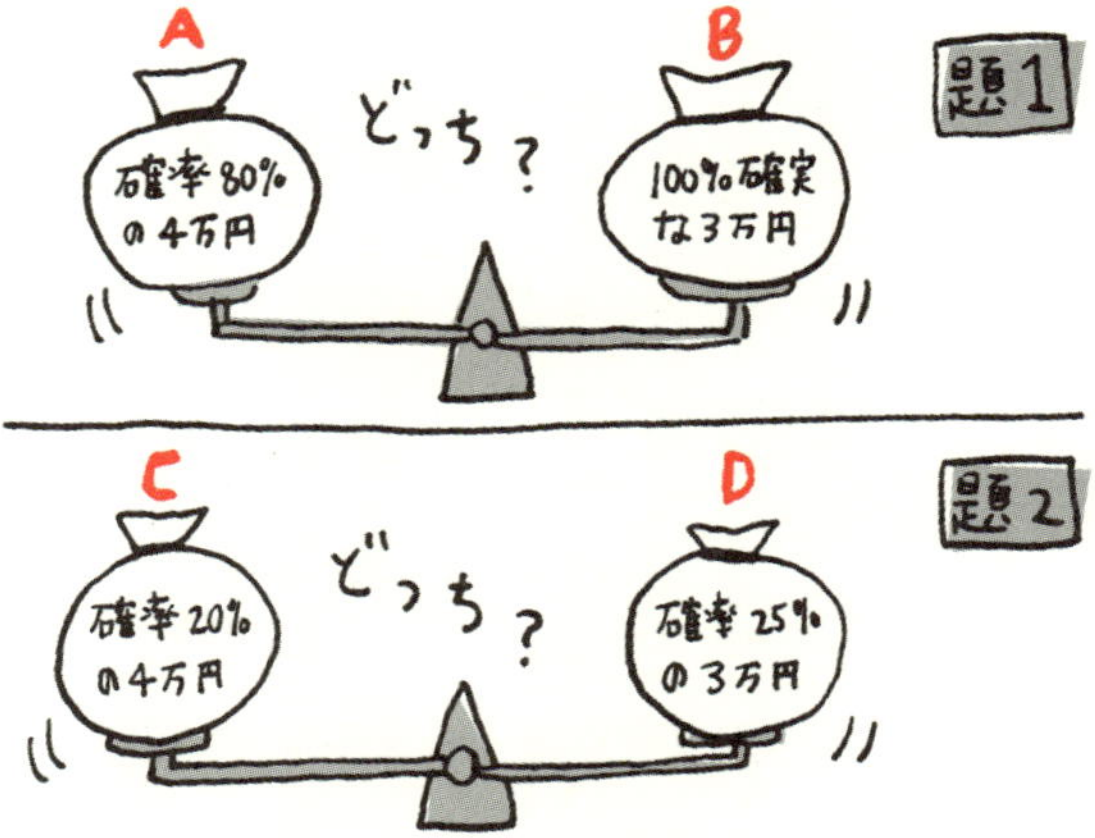

2つのリスクの二者択一問題

あれ？　問題2では、Cを選ぶわけですから、CをDよりも選ぶ選好を期待効用の式で書いてみましょう。

20%　×　効用（4万円）＞

25%　×　効用（3万円）

不等号の向きが逆転して、上の2つの式が矛盾しています。つまり、期待効用の合理性と、生身の人間の選好が両立していません。どこがおかしかったのでしょうか。自分のココロに相談してみましょう。2つのストーリーが浮かび上がります。

確実性効果

問題1でBを選んだココロはこう読めます。Aを選べば80％で4万円が当たるとはいえ、20％は外れてしまう。外れの20％は決して無視できるリスクではない。それなら、金額は低くても、Bの100％確実な3万円で我慢しよう。

問題2でCを選んだココロはこう読めます。Cの当たりの20％でも、Dの当たりの25％でも、どちらも確率は低く、たいした違いはない。どうせ当たりの確率が低いならば、Dの3万円よりも、Cの4万円の方に挑戦してみよう。

人間のココロには、100％確実な性質を重視する傾向があります。当たりの確率が99％でも、1％でも外れる確率があれば嫌うのです。これを行動経済学では確実性効果と言います。また、当たりの80％を額面よりも小さく見積もり、外れの20％を額面よりも大きく見積もる傾向もあります。

損失回避効果

問題1でBを選んだココロはこう読めます。Bを選べば、100％確実に3万円もらえるわけだから、3万円を基準に考えると、Aを選んで4万円が当たっても、1万円分の得にしかならない。逆に、Aを選んで外れれば、3万円分損した気分になる。それなら、金額は1万円分低くても、100％確実な3万円で我慢しよう。

問題2でCを選んだココロはこう読めます。CもDも当たりの確率は低く、20％も25％もたいした違いはない。基本的には、外れて何ももらえない確率の方が大きいわけだから、0円を基準に考えれば、駄目で元々、3万円よりも4万円の方に挑戦してみよう。

人間のココロには、基準となる金額（必ずしも0円とは限りません）をベースにして、それよりも利得となる場合よりも、損失となる場合を非常に嫌います。これを行動経済学では、損失回避効果と言います。利得の効用よりも、損失の負効用は、同じ額面の金額に対して、2〜3倍も大きいと見積もられています。

カーネマンはトヴァスキーと一緒に、確実性効果と損失回避効果を軸に、期待効用理論を一般化して、期待効用の「アノマリー（通例に反する事）」をうまく説明する「プロスペクト理論」を考案しました（Kahneman and Tversky〔1979〕参照）。今日でも語り継がれる大きな功績です。行動経済学の解説書を読んだ皆さんは、利得の関数や確率の関数で、基準点の左と右でカーブが異なる曲がりくねった曲線を目にしたことがあるかもしれません。あくまで、エッセンスは確実性効果と損失回避効果であり、複雑な曲線の形状それ自体は、それほど数多くの実証研究によって検証されたものではないことを申し添えます。

期待効用アノマリーをうまく説明する理論は、プロスペクト理論だけではありません。例えば、人間は期待効用の最大化を図るのではなく、むしろ後悔（落胆）を最小化するという理論もあります。人間は、4万円に目が眩んで、80％の当たりに挑戦して外れてしまい、3万円を逃してしまった時の後悔を嫌います。反対に、3万円の方は25％しか当たりの確率がないならば、4万円を狙って、20％の当たりが外れても、それほど後悔しません。

後悔という生々しい感情にも、確実性や損失回避がかかわっていると考えられ、プロスペクト理論でも、後悔最小化理論でも、あるいはその他の理論でも、人間のココロの機微をとらえたものであれば、どれを使って期待効用アノマリーを説明しても構わないと思います。

BOX 経済学者④ ジョン・フォン・ノイマン（1903-57）

フォン・ノイマンは、そのあまりに優秀な頭脳がゆえに、「悪魔が間違って人間に生まれた」と言われます。フォン・ノイマンは、1903年、裕福な銀行家を父親に持つユダヤ系ハンガリー人として、ブダペストで生まれました。幼少の頃から神童の誉れが高く、記憶力が抜群、いちど読んだ小説を、何年も後から、そのまま延々とそらんじることができたほどでした。フォン・ノイマンはブダペスト大学・ベルリン大学・スイス連邦工科大学という3つの有名大学で学び、わずか5年で数学の博士号を取得します。しかし、オーストリア＝ハンガリー帝国は第1次世界大戦で崩壊し、ナチス・ドイツの圧政を逃れ、1933年にプリンストン高等研究所に教授として着任しました。そこは、アルベルト・アインシュタインや湯川秀樹も集う学問の殿堂となります。

J・v・ノイマン

フォン・ノイマンの業績を一言でまとめるのは困難です。純粋数学の研究、量子力学の数学基礎理論、ノイマン型と呼ばれることになるコンピュータの基礎理論、ノイマン革命とも言われた経済成長理論、そして経済学に留まらず隣接諸科学を一変させたゲーム理論……。枚挙に暇がありません。ゲーム理論を作った理由のひとつに、フォン・ノイマンはポーカーが弱かったからという噂もありますが、真偽は分かりません。

フォン・ノイマンには学者特有の気難しさが少なく、高級車を乗り回し、パーティと冗談が好きな明るい人物だったと伝えられています。しかし、場所にかかわらず、一度考え出すと、その集中力は凄まじく、そこら辺の紙に鉛筆で走り書きを始めたそうです。どうしても、触れておかなければならないエピソードとしては、ナチス・ドイツを憎むあまりでしょうか、原子力爆弾を開発するマンハッタン計画に積極的に参加し、日本の象徴である京都への原爆投下を強く主張しました。

フォン・ノイマンは、核兵器の開発で多量の放射線を浴びたためと考えられますが、若くしてガンにかかります。書きにくいことですが、これほど優秀な頭脳の持ち主が、最晩年は精神的崩壊も味わいました。車いすの天才数学者は、スタンリー・キューブリック監督の映画『博士の異常な愛情』のストレンジラヴ博士のモデルとなったと言われます。この型破りな天才は、53年の短い人生の中で、あまりにも多くのことをなしとげて、この世を去りました。

3　時間の上の行動経済学

リスクとともに、行動経済学で重要なテーマが時間です。リンゴが好きな人でも、今、ミカンを食べるのと、1年後、リンゴを食べるのを比べれば、今、ミカンを食べる方を選ぶ人が多いでしょう。人間は我慢強い動物ではありません。現在の効用と未来の効用を比較すると、未来の効用の価値を割り引いて考えるからです。こうした人間の時間に関する選好を、第1章からたびたび登場している大経済学者のサミュエルソンは、次のような式で表しました。

効用（ミカン）＞効用（リンゴ）／（1＋割引率）

このように、割引率（正の定数）で未来の効用を割り引いたものを「割引効用」といいます。割引率とは、未来の効用を現在の効用と比較するための工夫であり、割引率が50％であれば、未来の効用1.5単位は現在の効用の1単位と同等の価値を持つことになります。

さて、何かの事情で、ミカンも、リンゴも食べるのがそれぞれ1年繰り延べになったら、あなたの好みはどうなるでしょうか。左辺右辺に同じ割引因子1／（1＋割引率）を掛け合わせるのだから、不等号の向きも一緒だと考えるのが自然です。

効用（ミカン）／（1＋割引率）＞効用（リンゴ）／（1＋割引率）^{2}

それでは、再び、リンゴとミカンを離れて、お金の話にしてみましょう。

2つの時間の二者択一問題

問題1　AまたはBのどちらを選びますか？

選択肢A　今すぐの3万円　or　選択肢B　1年後の4万円

問題2　CまたはDのどちらを選びますか？

選択肢C　1年後の3万円　or　選択肢D　2年後の4万円

多くの人が、問題1では選択肢Aを選び、問題2では選択肢Dを選びます。この回答も経済学者を困らせてしまいます。数式で表すと分かりやすいので、問題1でAをBよりも選ぶ割引効用を書いてみましょう。

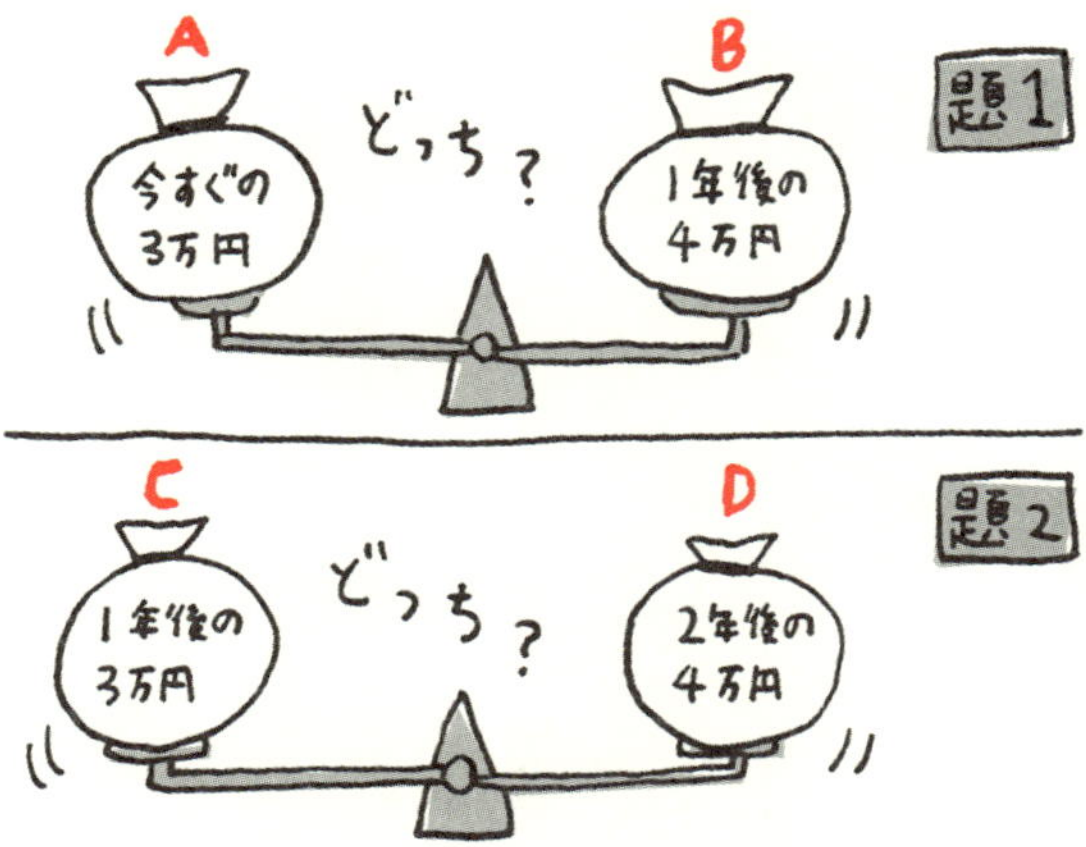

2つの時間の二者択一問題

効用（3万円）＞

効用（4万円）／（1＋割引率）

左右の両辺に同じ割引因子を掛けても不等号は逆転しませんから、左右の両辺に1／（1＋割引率）を掛ければ、次式を得ます。

効用（3万円）／（1＋割引率）＞

効用（4万円）／（1＋割引率）^{2}

ところが、多くの人間は、問題2では、Dを選ぶわけですから、CよりもDを選ぶ選好を割引効用の式で書いてみましょう。

効用（3万円）／（1＋割引率）＜

効用（4万円）／（1＋割引率）^{2}

不等号の向きが逆転して、上の2つの式が

矛盾しています。つまり、割引効用の合理性と、生身の人間の選好が両立していません。どこがおかしかったのでしょう。自分のココロに相談してみましょう。次のようなストーリーが浮かび上がります。

現在性効果

問題1でAを選んだココロはこう読めます。Bを選べば4万円もらえるにしても、1年間待たなくてはいけない。1年間の忍耐は決して無視できる遅滞ではない。それなら、金額は低くても、Aの今すぐもらえる3万円で我慢しよう。

問題2でDを選んだココロはこう読めます。Cの遅滞の1年でも、Dの遅滞の2年でも、どちらも我慢しなければならないという意味で、大した違いはない。どうせ待たなければいけないならば、Cの3万円よりも、Dの4万円の方がマシである。

人間のココロには、今すぐの現在という特別な瞬間を重視する傾向があります。誰しも待つという我慢は辛いことです。ということは、未来の効用を現在に割り引く時に、遅滞の長さを考えるだけではなく、待つという行動それ自体の辛さも加えて考えなければならないということになります。割引効用の式に書き加えれば、こうなります。

効用（3万円）＞効用（4万円）／（待つ辛さ）（1＋割引率）

効用（3万円）／（待つ辛さ）（1＋割引率）＜

効用（4万円）／（待つ辛さ）（1＋割引率）^{2}

このように、現在という特別な瞬間以外には、待つ辛さ（1よりも大きな定数）がかかると考えれば、割引効用アノマリーは解けます。

現在性効果を考慮すれば、割引効用アノマリーは解決できるのですが、生身の人間の実生活として、少し困ったことが起きます。例えば、あなたが高校2年生だとしましょうか。今は、目の前のゲームの誘惑に負けてしまい、なかなか勉強に力が入りません。でも、来年の大学受験を控えて、こう思います。「来年、高校3年生になったら、心を入れ替えて、ゲームの誘惑には負けないで、勉強に力を入れよう」と。これは、来年のことなので、近い未来の小さな効用（誘惑に負けてゲームを楽しむ）よりも、遠い未来の大きな効用（勉強して夢を実現する）を優先できると思うのです。弱いココロの持ち主である人間は、実際に来年になったら、やはり目の前の誘惑に負けてしまい、ゲームを止めて勉強すべきだと頭で分かっていても、なかなか悪い習慣から脱することができないものです。これを「時間非整合性」と言います。

時間非整合性を前にして、我々はどうしたらよいでしょうか。これについて、2つの知恵があります。ひとつめは、「コミットメント（前取り）」です。その時になったら、誘惑に負けてしまう自分を自覚して、誘惑の元を絶ってしまうといういささか乱暴な解決方法です。先ほどの例で言えば、ゲーム機もゲームソフトも全て売り払って、ゲームをしたくてもできない環境を作ってしまうこと。2つめは、「コンシステント・プラニング（整合的計画化）」です。どうせ高校3年生になっても、心を入れ替えて勉強に力を入れたりしないのだから、誘惑に負けることを前提にして、高校2年生のうちから無理のない範囲でコツコツと勉強をすることです。

どちらの工夫も容易なことではありません。けれども、時間非整合性を克服する第一歩は、行動経済学でいう現在性効果を自覚して、自分のココロの弱さを抱きしめることです。自分のココロの弱さを知らずして、同じ誤りを繰り返すのと、自分のココロの弱さを知り尽くし、できる範囲で工夫を凝らして、より良い生活習慣を確立することは大きく違います。我々が目指すべきなのは、鉄のココロを持ったホモエコノミカスではなく、ココロのクセを推し量りながら、それと折り合いをつけていくことではないでしょうか。

BOX 研究紹介② 喫煙を説明する行動経済学

行動経済学は、合理的とは言えない人間行動を説明するのにとても役立ちます。そのひとつが、分かっていても止められない依存症の解明です。依存症には、タバコやアルコールのような物質依存症とギャンブルのような過程依存症があります。ここでは、私と共同研究者が行った喫煙行動の研究を紹介しましょう（Ida and Goto〔2009〕）。

喫煙をするかどうかは、現在のストレスを取り除いてくれるという小さな効用と未来の肺ガンや生活習慣病にかかるリスクの増大という大きな負効用のトレードオフの問題なのです。リスクとも、時間とも、双方にかかわる意思決定問題です。

リスクの立場から見れば、喫煙をする人は、疾病リスクを軽視するタイプの人間、期待効用アノマリーを起こすようなタイプの人間が多いと予想されます。実際に、我々の調査によれば、リスク軽視、確実性効果バイアスを持つ人ほど、喫煙をする確率が高く、ニコチン依存度も大きいことが分かりました。ただし、確実性効果がどう働くかの方向で曖昧な部分があるので、再現テストで確認される場合とされない場合があります。

時間の立場から見れば、喫煙をする人は、未来の効用を大きく割り引くタイプの人間、割引効用アノマリーを起こすようなタイプの人間が多いと予想されます。確かに、割引率が大きく、現在性効果バイアスを持つ人ほど、喫煙をする確率が高く、ニコチン依存度も大きいことが分かりました。こちらは、何度テストを行っても必ず再現される強い結果です。

ひとつ面白かった発見があります。非喫煙者は、一度もタバコを吸ったことがない生涯非喫煙者と昔吸っていたけれど今は止めた過去喫煙者がいますが、過去喫煙者の方が生涯非喫煙者よりもリスクの視点でも、時間割引の視点でも、より合理的だったのです。禁煙の苦しみに耐えた艱難辛苦の体験が、汝を玉にしたのかもしれません。

4　踊り場の行動経済学

行動経済学の二大テーマであるリスクと時間にまつわるココロの問題（それぞれ危険選好、時間選好とも呼びます）を取り上げてきました（もうひとつ利他性に関する社会選好がありますが、これについては章を変えて解説します）。

主流派経済学が想定する期待効用と割引効用というよくできた理論が、実際には生身の人間の行動をうまく説明しきれないことが分かりました。これには、確実性効果、損失回避効果、現在性効果という3つのバイアスがかかわっています。バイアスは人間のココロの根っこの部分に触れる問題であるだけに、無理に矯正することは困難です。むしろココロのクセとして、日常生活の中で折り合いをつけながら生きていくことが大切だと思います。

そのように考えると、経済学の合理性とは何なのか、いま一度、再考する必要があるようにも思えます。経済学の理論が教えてくれるのは、「～のように行動するのが最適である」という合理性です（経済学では「規範性」と呼びます）。たしかに、無矛盾に効用を最大化するという意味では正しいのですが、生身の人間は感情に揺らぐ存在であり、理論の教える通り、行動することは至難の業です。

そもそも、理論は人間の生々しい喜怒哀楽という感情の部分を織り込んでいませんから、理性と感情の衝突の可能性（頭で分かっていても、気持ちが収まらないというやつです）をそもそも度外視しています。一人の人間のココロの中には、「理性的な我」と「感情的な我」が住み着いていて、時には手を握り、時には殴りあっていると考える方が実体に近いように思えます（「個人内葛藤」と呼びます）。

カーネマンが重視したのは、もうひとつの合理性です。それは、バイアスに揺らいで、経済学の規範性から逸脱する人間行動を、「これこれこうだ」とどれだけ上手に説明できるかという記述性から見た合理性です。一見、非合理に見える行動にも、ココロに即して考えてみれば、それなりの理由が見つかるし、予測可能性も高まる。合理性に即したこちらの新しい経済学の方がよほど有用性が高いと考えるのが、行動経済学の立場です。

規範性の立場から、人間の経済行動がこうあるべきだという合理性（カーネマンのシステム②）も、記述性の立場から、感情に揺れる生身の人間の行動がこうなっているという合理性（カーネマンのシステム①）も、どちらが正しいかという問題ではなくて、どちらも必要に応じて使い分けていけば良いと思えます。

しかし、このカーネマンの柔軟な立場は、行動経済学（あるいは行動経済学のための心理学）がもともと持っていた合理性批判の視点を曖昧にした感は否めません。結局、行動経済学の記述性から見た期待効用批判も、割引効用批判も、もともとのフォン・ノイマンとモルゲンシュテルンやサミュエルソンの優れた規範的経済モデルがあってこそ成り立つ話であり、行動経済学は恒星の周りを回る惑星の地位に成り下がった感があります。

思い返せば、1980－90年代、期待効用あるいは割引効用を用いて、経済学の論文を書くのは、主流派経済学の作法に従うかどうかの「踏み絵」のようなものであり、それらの理論に批判的な立場を取ることは異端派宣言をする勇気が必要でした。1980年代のカーネマンやセイラーのプロパガンダが成功し、行動経済学の立場は主流派経済学にも次第に認められていき、2002年にノーベル経済学賞が行動経済学の分野に与えられると、一気に流れが変わり、主流派経済学者の多くが行動経済学に対して理解を示すようになりました。ドミノ倒しが起こったのです。

学問の良いところが多くの学者に認められることは良いことです。しかし、書店に行くと、行動経済学のコーナーが作られ、お手軽・安直な行動経済学のハウツー本が溢れている状況を見ると寂しい気持ちと怖い気持ちが入り交じります。というのも、20世紀は物理学の時代でした。そして、物理学的数学手法を積極的に取り入れた経済学の数理化が急速に進みました。その過程の中で、数理化にそぐわない経済学は切り捨てられました。

21世紀は生命科学、なかんずく脳科学の時代だと言われます。いつか、人間の脳機能が遺伝学と神経科学の視点から、もっと本質的に解明される時代が来た時に、ココロをブラックボックス化する主流派経済学、それに気の利いたスパイスを振りかける行動経済学は、時代の流れに付いていけずに一気に陳腐化し、昔のスコラ哲学のように、時代の徒花として忘れ去られてしまう危険性を感じるからです。牙を抜かれて、飼い慣らされた行動経済学が本来の野性を取り戻すことができるかどうか、行動経済学のこれからに注目していきたいと思います。

第３章
モラルサイエンスの系譜

本章のポイント

経済学の起源をさかのぼると、スコットランド啓蒙主義という伝統に行き着きます。二人の巨人、ヒュームとスミスこそ、人間の共感を尊重したモラルサイエンスの創始者でした。モラルサイエンスの正統な後継者はミルです。しかしながら、ミルはホモエコノミカスの原型となる経済人を定式化したことから、後世、経済至上主義者として批判をあびます。そして、モラルサイエンスは、ミルが招聘を拒んだケンブリッジ大学で最初に制度化されます。しかし、そのケンブリッジ大学の内部で、学内政治闘争があり、マーシャルによって、経済学はモラルサイエンスから学科として独立します。その弟子ケインズもその流れを支えます。最後に、ケンブリッジ大学のセンが打ち立てた経済倫理学の復権に目を向けましょう。

1　偉大なスコットランド啓蒙主義

主流派経済学は、利己的で合理的なホモエコノミカスを仮定してきました。それに対して、行動経済学は、感情に揺らぐ存在である生身の人間の復権運動でした。ここで、注意を喚起したいのは、経済学の歴史の原点ともいうべき「スコットランド啓蒙主義」と呼ばれる学派の描く人間像が、むしろ行動経済学に近いことです。この限りにおいて、異端なのは、むしろ、主流派の方なのです。

その当時は、世界に先駆けて産業革命に成功して、資本主義をリードしたイギリスが、経済発展の遅れたスコットランドを呑み込んでいく時代でした。そして、イギリスで生まれた経験論が、神学に頼らない市民社会像、合理的な人間観を必要としていました。スコットランドは、1707年に正式にイギリスに併合され、スコットランド人は、亡国の民となっていました。この危機感が、反骨のスコットランド人をして、偉大な精神革命を引き起こす原動力となりました。

人間の道徳倫理にかかわる学問を、イギリスでは、「モラルサイエンス」と言います。日本語に訳せば、道徳科学という意味です。ケンブリッジ大学では、経済学に先だって、モラルサイエンスという優等卒業試験があったほどです。このモラルサイエンスの先駆者こそ、スコットランドの二人の偉大な道徳哲学者――デヴィッド・ヒューム（1711-76）とアダム・スミス（1723-90）――でした。

ヒュームは、1739年、『人間本性論』を出版します。その本の中で、ヒュームは、人間を理性的存在（神の威光に照らされた存在）という伝統的な見方から脱却して、感情的・習慣的存在（市民社会の世俗的存在）として把握しようとしたのです。ヒュームによれば、「知覚」とは、「印象」と「観念」に分けることができます。

ヒュームの印象と観念

印象とは、情念のことであり、活力がある力強い知覚であるので、行為の原因となりえます。他方で、観念とは、淡くてかすかな知覚であり、思考の次元に属し、観念が行為の原因とはならないとされます。つまり、ヒュームにとって、理性は行為の動機とならないのです。

ヒュームは、道徳的判断も、理性でなくて、道徳観から生じると考えました。また、有徳と悪徳の判断も、ココロの快楽あるいは不快で決まると考えました。ここに、ヒュームの偉大な発見がありました。その判断を下すのは、行為者そのものではなくて、第三者的な「観察者」であると考えたのです（舟橋〔1985〕、神野〔1996〕）。

ヒュームの観察者

ヒュームは、行為者が、観察者の立場から、他者の利益や社会的利益に奉仕することから快楽を得る能力を「共感」としました。人間は、共感を通じて、社会的存在となるのです。

ヒュームは、人間が、観察者の立場で、共感を原動力としながら、個人的利益の追求と、他人の利益への配慮をあわせ持つことを、倫理的に基礎付けようとしたのです。ここに、ヒュームの危うさがあるとも言えるでしょう。人間は、どうやって個人的利益と社会的利益の葛藤をココロの中で解消させることができるのでしょうか。そもそも論で言えば、ヒュームは、個人的利益と社会的利益の葛藤をさほど深刻に考えていませんでした。

この論点は、後に、12歳若年のスミスから批判されます。私益が公益に適うには、一体どういった原動力が働くのか。私益が転じて公益となる社会的メカニズムの分析において、ヒュームはスミスに一歩遅れてしまいました。しかし、行動経済学者の中には、ヒュームの道徳哲学に、行動経済学の萌芽を見る者もいるほどで、ヒュームの先駆性は評価されてもされ過ぎることはありません（Sugden〔2006〕）。

†スミスの「見えざる手」

ヒュームの論点を、批判的に深めたのが、「経済学の父」アダム・スミスです。スミスは、ヒュームの人間が他者から是認されたいという感情を持つ視点を継承します。そして、人間は「公平な観察者」をココロの中に持っており、そのココロの声に従って、他人の感情や行為を判断できるとも考えました。

例えば、有害な行為を受けた人の憤慨に対して、ココロの中の公平な観察者を通じて、我々は共感を感じることができます。ここに、スミスは、正義の起源を見出しました。しかしながら、人間は弱い存在ですから、ココロの公平な観察者の声から、外れてしまうことも多々あります。

こうして、スミスは、人間が個人的利益の追求において、社会的利益を調和させつつ、利他的に行動できるのかどうかについて疑問を持ちました。スミスは、社会的利益の実現は、「自然の摂理」によって導かれるものであって、人間によって意図されるものではないと考えたのです。

それでは、人間が私的利益を追求する中で、どのように社会的な利益も実現するのでしょうか。ここに、スミスの偉大な発見がありました。「見えざる手」です。スミスは生涯に2つの偉大な著作を残しました。そして、それぞれの本の中で、一度ずつ、見えざる手という表現を使っています（堂目〔2008〕）。

スミスは、1759年に第一の大著『道徳感情論』を出版しました。その第4部第1章に、1カ所だけ、「見えざる手」が出てきます。

道徳感情論の中の見えざる手

金持ちの貪欲な利己主義にもかかわらず、その虚栄心に起因する奢侈のおこぼれに与《あずか》る形で仕事にありついて、貧乏人は最低限の生活を送ることができるという挿話が紹介されています。スミスは、金持ちの利己的な虚栄心が社会的利益にもつながる、皮肉な見えざる手を見出しました。

また、スミスは、1776年に、未だに讃えられる第二の大著『国富論』を出版しました。そこで強調されるのは、「分業」による生産システムの効率化です。我々が毎日、食料に与るのは、パン屋の慈悲心ではなく、彼らの私的利益に基づく勤労のお陰です。財サービスの効率的供給は、私的利益に裏付けられる必要がありますが、その舞台となる「市場」には、人間の共感に起因する正義が必要なのです。

具体的に言えば、ルールに則った競争があればこそ、私的利益の追求が社会的利益を保証するのです。効率性に劣った経営者が、反則で勝ち残っても社会的利益の向上にはつながりません。ですから、スミスは、独占や不公正な取引慣行を取り締まるルールが大事だと考えました。

『国富論』の第4編第2章に、1カ所だけ、「見えざる手」が出てきます。

国富論の中の見えざる手

どの職業の個人も、自分の資本や労働が、より大きな価値を持つように努めます。その個人的利益の最大化行動が、図らずも、社会的利益の最大化につながるのであり、個人の社会的利益への配慮の結果ではないのです。結局は、私益が転じて公益になるのは、市場の需給調整メカニズムのおかげであり、産業間の利潤率均等化のおかげなのです。

市場社会においては、その行動原理である私的利益の追求が第一ではありますが、その舞台となる市場を支えるためのバックボーンとして、他人の感情を読み取る共感を二次的に必要とするのです。

ヒュームの道徳哲学が人文科学であったとするならば、スミスの道徳科学は社会科学であったと言えましょう。私益が公益に転じるメカニズムをここまで深く分析したのだから、経済学の父の称号はやはりスミスにこそふさわしい。ただし、人間の本性である感情に対して、誰よりも早く切り込んだヒュームに、ささやかながら、行動経済学の父の称号を与えたくなるのは私だけでしょうか。

BOX 経済学者⑤ アダム・スミス（1723-90）

アダム・スミスがスコットランド人であることを忘れてはいけません。スコットランド人のイングランドに対する思いは複雑です。1707年の合同法により、イングランドとスコットランドが合併し、連合王国となるわけですが、スコットランドから見れば、併合でしょう。スミスの生まれる16年前のことです。

アダム・スミス

スミスの生涯も複雑です。税関吏だった父はスミスが生まれる前に死亡したため、スミスは母親に育てられました。4歳の時、誘拐されますが、役立たずの烙印を押され、解放されました。グラスゴー大学で学んだ後、オックスフォード大学でも学びますが、結局、中退します。どのような背景事情があったかは定かでありませんが、スミスは以降、イングランドに距離を置きます。1750年頃、エディンバラ大学で、ヒュームに出会い、大きな

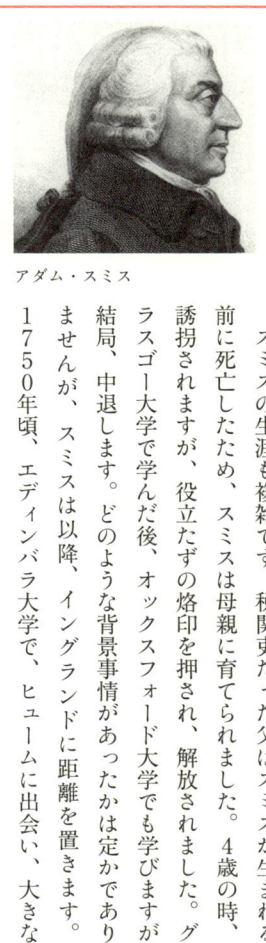

影響を受けます。そして、1751年、グラスゴー大学で、論理学の教授となります。蒸気機関を発明するジェームズ・ワットの助手も務めたようです。

しかし、『道徳感情論』を出版後の1763年、教授職を辞して、フランスに渡り、ヒュームの紹介で、「経済表」で名高い重農主義経済学者のフランソワ・ケネーなどの知己を得ます。フランスは当時のヨーロッパの最大の文化国であり、ある種のイングランド・コンプレックスがあったスミスにとって、目の覚める体験であったことでしょう。この体験が、1776年の『国富論』の出版につながるのです。イングランドで中心であった重商主義への対抗軸を発見しました。

スミスで大きな問題となるのは、『道徳感情論』の共感を重視した人間像と『国富論』の利己主義を重視した人間像の間で断絶があるかどうかという問題です。これは、「スミス問題」と呼ばれます。これに関しては、本文で述べたように、最近の研究によれば、アクセントの変化はあるものの、『国富論』的世界においても、競争のルールは必要であり、その支柱となる共感という人間本性を捨てたわけではないという立場が主流となっています。

2 モラルサイエンスの曲がり角

ヒュームは、共感によって結びつく社会的存在としての人間像について、先鞭をつけました。そして、スミスは、ヒュームの議論を進めて、個人的利益がどのように社会的利益と調和を保つのか、「神の見えざる手」というメカニズムについて、考察を深めました。

その後、スコットランド啓蒙主義は、2つの支流に分かれて、時代を下っていきます。第一の流れは、デヴィッド・リカード（1772－1823）に代表される、労働価値説の立場から、富の蓄積を分配する「古典派経済学」です。第二の流れは、ジェレミ・ベンサム（1748－1832）に代表される、人間は快楽・不快（効用）の大小に沿って行動し、効用の総和である最大多数の最大幸福を社会的善と考えた「功利主義」です。

†ミルの功績

この「古典派経済学」と「功利主義」の支流を、再び、大きな一つの大河に合流させた偉大な存在が、イギリスのジョン・スチュアート・ミル（1806－73）でした。ミルは、子供の頃から、リカードやベンサムの友人であった父から英才教育を受けました。ミルは、自分以前の経済学を「古い経済学」、自分以後の経済学を「新しい経済学」と呼びましたが、我々は、図らずも、ミルが「最後の古典派経済学者」となってしまった歴史の皮肉を知っています。

以下、ミルの多様な業績の中で、ホモエコノミカスの定式化、モラルサイエンスの確立という2点にしぼって、見ていきましょう。

経済学が仮定する利己的で合理的なホモエコノミカスを本格的に使い出したのは、確証はないものの、19世紀後半にいわゆる「限界革命」を発見し、近代経済学の祖となるフランスのレオン・ワルラス（1834－1910）、イタリアのヴィルフレド・パレート（1848－1923）たちだとされていますが、その実質的な定式化を提起したのが、このミルなのです。

ミルは、人生の脂が乗りきった1844年に、主著『経済学原理』（1848年）に先立つ形で、『経済学試論集』を発表しました。その中で、ミルは、経済学で取り扱う人間を、「目的を達成するために諸手段の有効性を比較しうる存在」として定義しました。その人間像は、ミルが、その当時のイギリスの市場社会を貫く利己心・競争・私有制・階級制を通して、抽象化したモデルだったのです（馬渡〔1997〕）。

ミルのホモエコノミカス（経済人）の人物像

・経済人は、富を欲し、追求する。
・経済人は、経済効率性を重視し、行動する。
・経済人は、利己心を持ち、行動する。
・経済人は、近代の市場活動に従事する。

その後、ミルのホモエコノミカス（ミルがその用語を使ったわけではありませんが）の定義は、その経済至上主義がゆえに、激しく批判されます。ミルの描く人間像は、あまりに経済的動機、利己性、合理性に偏っていて、さらに、そういった偏った人間を理想とみなしていると非難されたのです。

実を言えば、ミルという人間にとって、この批判ほど的外れなものはありませんでした。ミル自身は、芸術に理解ある情操豊かで社会的改革への情熱を持った人間でした。そして、経済的存在として定義したホモエコノミカス像について、常に苦悩していました。例えば、イギリスの当時の社会問題は、人口の爆発的増加と労働者階級の貧困でした。ミルは、人口の増加という現象が、ホモエコノミカスで仮定される経済的合理性と矛盾することに気づいていました。

この誤解を避けるために、ホモエコノミカスの概念を広げることに腐心した経済学者が、近代経済学の祖の一人、イギリスのアルフレッド・マーシャル（1842－1924）でした。マーシャルは、非利己的動機や非経済的動機の多様性を含めながら、ミルが先鞭をつけたホモエコノミカスの定義を再構成しようと努めました。この時代には、社会的教育によって、他者の自由や道徳も尊重する「啓蒙された利己心」（アレクシ・ド・トクヴィル）という言葉も広く使われていました。にもかかわらず、この修正主義は、誤解されたホモエコノミカス像を根底から覆すまでには到らず、第1章で説明したような利己的で合理的な存在として、ホモエコノミカスは定着していくのです（佐々木〔2002〕）。

ミルに話を戻しましょう。ホモエコノミカスという仮説的モデルによって、その後のモラルサイエンスも方向付けられていきます。もっとも、ミルは、モラルサイエンスという言葉を、その当時の最新学術用語であった「ソーシャルサイエンス」という意味で用いています。以降、あいまいなところがあったモラルサイエンスとは、今日でいう社会科学を指すことになりました。

ミルは、自然科学と異なり、社会科学では、実験ができないために、観察に頼るしかないという方法論上の限界を指摘しています。そこで、ミルは、観察による帰納的推論によって発見された経験法則を、演繹的推論を用いて、現象の予測に適用し、法則の真理性を確かめる実証的社会科学を構想しました。

その中で、ミルは、2つの社会科学的方法論を提示しています。

ミルの2つの方法論

第一の方法論は、社会的性質を人間の本性に帰着させる「方法論的個人主義」、第二の方法論は、個人の集合としての社会それ自体を分解不可能な「有機体」として見なそうというものです。ミルのホモエコノミカス像が、後の経済学者によって利己的合理的側面のみ継承されたように、ミルの方法論的個人主義が後の社会科学、特に経済学では支配的になりました。

†ケンブリッジ大学の制度改革が経済学にあたえた影響

このように、ミルは、本人の真意は別にして、歴史的に誤解されやすい損な役回りを演じています。19世紀を代表する思想家であるミルは、ケンブリッジ大学などから招聘されましたが、頑なにそれを断り、市井の学者として、生涯を過ごしました（東インド会社に勤めたり、下院議員だったりしたことはあります）。

歴史は皮肉です。ミルが定義したホモエコノミカスと、その上に構想されたモラルサイエンスは、ミルが活躍した19世紀半ば、ミルが招聘を拒んだケンブリッジ大学で制度化されていくことになったのです。19世紀のケンブリッジ大学では、「トライポス」と呼ばれる優等卒業試験の学科には、数学と古典の2つしか認められていませんでした。このトライポスに優秀な成績で合格しないと、奨学金をもらったり、大学に教員として残ることは許されませんでした。

ケンブリッジ大学は、1848年、社会的情勢の変化に鑑みて、歴史的な決断をします。モラルサイエンスと自然科学という2つの学科を、新たに、トライポスの学科に加えることを決定したのです。もっとも、この時点で、2つの新しい学科は、数学または古典のトライポスを受けた後に、受験しても良い二次的な扱いでした（イギリスの大学は3年制で、トライポスⅠを2年次に、トライポスⅡを3年次に受けるのが一般的です）。

しかし、1860年には、2つの学科は、古典と数学と同格扱いになりました。モラルサイエンスの歴史的勝利といって良いでしょう。ここにおいて、ヒューム、スミスのスコットランド啓蒙主義から興り、ミルの古典派経済学において発展されたモラルサイエンスは、学問の殿堂であるケンブリッジ大学のコートに入ることが許されたのです。

BOX 経済学者⑥　ジョン・スチュアート・ミル（1806-73）

ジョン・スチュアート・ミルの生涯を語る上で、父ジェイムズの施した英才教育を抜きに語ることはできません。ミルは幼少の頃から、語学に堪能で、古典に親しみ、経済学を修めた神童でした。ミルは、リカードの古典派経済学とベンサムの功利主義を受け継ぐことを運命付けられており、実際にその期待に応えました。

しかし、ミルは、20歳の時に、しばしば英才教育を受けた者が経験する「精神の危機」に見舞われます。精神の発達と情操の発達のバランスが、整わなかったのかもしれません。この長いスランプを乗り越えるとき、ミルは3つの出会いをします。第一の出会いは、ワーズワースの文学でした。そこから、ミルは精神的豊かさを学びます。第二の出会いは、マルクス以前の原始的な社会主義でした。そこから、ミルは社会的正義を学びます。

J・S・ミル

そして、第三の出会いこそ、ミルにとって決定的なものでした。ミルは25歳の時、23歳のテイラー夫人ハリエットと出会いました。もちろん、19世紀の道徳において、許される愛ではありません。しかし、ミルとハリエットの純愛は、最終的に、テイラーの許すところとなり、テイラーの死後、20年後に結ばれます。

ミルは、復活しました。『論理学大系』『経済学原理』『自由論』という素晴らしい著作を立て続けに発表します。特に、『自由論』は、ハリエットからの影響を大いに受けた著作であり、他者に危害を及ぼさない限りにおいて、個人の自由は権力から制限されるべきでないことを論じました。

ミルはさらに思索を深めて、労働者の貧困問題、女性の解放問題にも取り組みますが、結婚から7年、最愛の妻ハリエットを病気で失いました。その後、ミルを支えたのは、テイラーとハリエットの間の娘ヘリンでした。ミルはこの世を去るとき、高熱にうなされながら、ヘリンに語りかけました。「You know I have done my work.（私が私のやるべきことをやりとげたことを、分かってくれるよね）」と。私は、この言葉を思い出すと、いつも崇高な感動を覚えます。

†マーシャルの政治力

ミルの生涯をかけた取り組みを通じて、モラルサイエンスは市民権を獲得し、ついには、ケンブリッジ大学のトライポスの学科となりました。モラルサイエンスとは、社会科学のことですから、哲学・論理学・倫理学のような必修科目に次いで、経済学も主要な選択科目となりました（その他の選択科目は、歴史学・政治学・法学など）。経済学が、苦労の末、ケンブリッジ大学で講義科目として認められたのが1816年です。その後、1828年には、経済学を講じたジョージ・プライム（1781－1868）が名誉経済学教授と見なされ、さらに、プライムは学内政治力を駆使して、1863年に、経済学教授職の公式な設置までこぎつけました。モラルサイエンス学科と経済学科目は、大学の制度の中で、順調に地位を確立したと言えるでしょう。こうして、第3代の栄えある経済学教授職に就任したのが、半世紀にわたって世界の経済学を主導することになるケンブリッジ学派の創始者にして、支配者ともなるマーシャルでした。

マーシャルは、1884年、経済学教授に就任するとき、「経済学を学ぶ者は、冷静な頭脳と温かい心を持て」という有名な演説を行います。そして、その演説の中で、マーシャルは、こともあろうに、経済学をモラルサイエンスのトライポスから独立させる必要性を宣言したのです。これは、マーシャルの先輩であり（数学科出身のマーシャルにとっては、事実上の先生でもありました）、ケンブリッジ大学のモラルサイエンス教授でもあったヘンリー・シジウィック（1838-1900）には、絶対に容認できない発言でした。獅子身中の虫と思われたことでしょう（どちらが獅子でどちらが虫か、今となっては分かりませんが）。こうして、経済学科のモラルサイエンス学科からの独立という、マーシャルとシジウィックの間の20年近くにわたる学内政治闘争が始まったのです。

それにしても、マーシャルは、なぜ経済学をモラルサイエンスから独立させようとしたのでしょうか。マーシャルは、シジウィックの死後、1902年に提出した経済学科の新設の要望書で、イギリスで経済学教育の必要性が高まっていることを述べています。

マーシャルの経済学科の必要性

第一に、専門的経済学研究者の養成の必要性、第二に、ビジネスマンならびに労働者の経済教育の必要性、第三に、世界の工場とうたわれながら、その地位を落としているイギリスの経済発展の基礎、という点が理由として挙げられました。

その他の背景としては、ケンブリッジ大学において、歴史学と法学がトライポスとして、すでに独立していたことが関係しているでしょう。また、別の背景としては、後発のロンドン大学やバーミンガム大学で、経済学部や商学部が設置されたことも、影響しているでしょう。

マーシャルの要望は、最終的に実を結び、1905年、第1回経済学トライポスⅠが実施されました。1906年から1910年までの5年間の経済学トライポスⅡ（3年次向け。1906年が第1回）受験者合計が30名で、1891年から1990年までの10年間のモラルサイエンス・トライポスⅡの受験者合計が60名であったことを考えれば、双方とも年間6名で同じですから、十分な成功と言えるでしょう（橋本〔1989〕）。

✝ケインズの改革

マーシャルは1908年に引退して、第4代経済学教授職を忠実な愛弟子のアーサー・セシル・ピグー（1877－1959）に譲ることにしますが、その前に、ひとつだけ誤算がありました。マーシャルは、本当は、経済学科の将来の後継者として、才気煥発な若者ジョン・メイナード・ケインズ（1883－1946）を考えていたことでしょう。しかし、この枠に収まりきらない最後の弟子は、経済学トライポスを受験して欲しいというマーシャルの説得を振り切り、数学トライポスを受験し、にもかかわらず、大学に残れるような好成績を収められず、インド省の役人として転出してしまいました。それでも、諦めきれないマーシャルは、退屈な役人生活に飽き飽きしていたケインズに、自分の財布から給料を支払うことを約束し、経済学科講師としてケンブリッジ大学に復帰させることにしました。篤学の学者とは別の、粘り強くしたたかな学内政治家マーシャルの一面を見る思いです。

その後の経済学トライポスについて、簡単に触れておきましょう。復帰したケインズは、講師であるにもかかわらず、教授であるピグーを差し置いて、トライポス改革の議論をリードしました。

設置当初の経済学トライポスは、「広く浅く、一部は深く」という教養教育重視のケンブリッジ大学において、マーシャルの意をくむ形で、経済学科目以外に、経済史・経済理論史・経済倫理学・政治学・法学のような隣接社会科学科目をバランス良く配置していました。ケインズも、マーシャルの意図をよく理解していたと推察されます（小峰〔2012〕）。

しかし、1913年の経済学トライポス改革においては、経済理論史・経済倫理学のような経済学周辺科目ならびに法学・歴史学など他分野科目からの出題が大幅に廃止・縮減され、経済学系科目だけの「狭い領域で制限された学習」が求められるようになりました。こうして、ケンブリッジ大学における「経済学の制度化」はひとまず完了したのです。

後日談があります。経済学の制度化は、ロンドン・スクール・オブ・エコノミクス（L

SE）のライオネル・ロビンズ（1898-1984）の主著『経済学の本質と意義』（1934年）において、次のように明確に定められ、以降の経済学界で完全に承認されることによって、より強固なものとなりました。

ロビンズの経済学

経済学とは、「様々な用途を持つ希少性のある資源と目的との間の関係としての人間行動を研究する科学」なのです。

要するに、ロビンズによれば、経済学は、マーシャル、ワルラス、パレートほかの限界革命以降の新古典派経済学に限り、利己的で合理的なホモエコノミカスを下敷きに、方法論的個人主義に基づいて、社会厚生を論じる学問として規定されたのです。そこには、モラルサイエンスの面影は残っていません。

このロビンズの経済学の定義に猛烈に食ってかかったのが、他ならぬケインズです。ケインズは、1938年、良き研究理解者であり、後に遺族から頼まれ名著『ケインズ伝』を書くことになるロイ・ハロッド（1900-78）に、2度にわたり、手紙を書いています（伊東〔2006〕）。

ケインズからハロッドへの手紙

「経済学は、ロビンズの考えとは反対に、本質的にモラルサイエンスであって、自然科学ではない。換言すれば、それは内省と価値判断を用います。」（1938年7月4日）

「私は、経済学がモラルサイエンスであることを強調したい。先日、私は、内省と価値判断を使用すると言いました。私が付け加えたいのは、経済学は動機と期待と心理的不確実性を取り扱うということです。」（1938年7月16日）

もともと、ケインズは強い口調の名文家でしたが、ロビンズの経済学の定義に心底怒っている姿が目に浮かびます。この2年前、ケインズは、自分の師であるマーシャルとピグーの経済学を「古典派」と決めつけ、1929年以来の大恐慌の処方箋を描いた「新しい経済学」『雇用、利子および貨幣の一般理論』（1936年）を出版し、世界中でいわゆる「ケインズ革命」を引き起こしたばかりのことでした。そこで、**ケインズは不確実性、期待という心理学的な要素を駆使して、人間の意思決定の合理性が揺らぐことを説得的に論じています。**ケインズによる「経済学＝モラルサイエンス」宣言といって良いでしょう。

こうして、ケインズ革命以降、世界で初めて、経済学の制度化を完成させ、半世紀にわたって、世界の経済学をリードしてきたケンブリッジ学派は、一転して、ロンドンの経済学、アメリカの経済学を向こうに回して、主流派の座を降り、異端派の立場にまわります。アメリカのマサチューセッツ州ケンブリッジ（ハーバード大学やマサチューセッツ工科大学があります）の経済学者（サミュエルソンなど）とも、激しく論争していくことになるのです。歴史はどこまでも皮肉です。

BOX 研究紹介③ オーストリア学派の復権

合理的に自分の利得を最大化するホモエコノミカスの想定のもとで発展した経済学ですが、ひとつの謎が残りました。市場の交換価値（価格）と消費者の使用価値（効用）という2つの概念の折り合いです。例えば、水は生きるために不可欠（使用価値は高い）ですが、値段は安い（交換価値は低い）。一方、宝石は非常に高価（交換価値は高い）ですが、使用価値はそれほど高くありません。

この問題を解決したのが、1870年代のオーストリア学派のカール・メンガーらです。彼らは消費全体から得られる満足（総効用）と新たに追加した消費から得られる満足（限界効用）を区別しました。真夏の運動後に飲む1杯目の水はおいしい。つまり限界効用が高い。しかしその感動は2杯目、3杯目となるにつれ下がります。これを限界効用逓減の法則と言います。

　水と宝石の例でいえば、水の希少性は低いので価格も低いが、宝石の希少性は高く価格も高い。水と宝石の価格1円当たりの限界効用が等しくなるように、両者の消費量を決定することで総効用を最大化できる。これを限界効用均等化の法則と言います。

　限界効用革命に大きな貢献を残したオーストリア学派は、第1次世界大戦敗戦のあおりで勢力が衰えました。ところが、人々の主観的行動を通じ社会に自然発生的に秩序が生じると主張したフリードリヒ・ハイエクが1974年にノーベル経済学賞を受賞すると、オーストリア学派も少しずつ勢力を回復します。彼らは、市場に参加する経済主体は必ずしも合理的な存在ではなく、需要と供給の均衡にいたる過程で必要な知識を獲得すると考えました（尾近・橋本〔2003〕）。

†アマルティア・セン

100年以上前、ケンブリッジ大学のピグーなどが打ち立てた旧厚生経済学では、人間の効用は数値として測定可能であり（基数性と言います）、しかも、個人間での比較が可能だと考えられました。したがって、社会厚生は、1＋2＝3のように、個々人の効用を集計することで簡単に定義されました。この基数性と個人間比較可能性を、非科学的で、ありえないと断罪し、効用の大小関係だけを論じ（序数性と言います）、個人間比較不可能な状況の下で、社会厚生を論じようとした立場を新厚生経済学と呼びます。

この新厚生経済学の序数性と個人間比較不可能性の仮定が、後にとんでもないやぶ蛇に終わるのですが、後悔しても後の祭りでした。新厚生経済学の急所を突いたのが、アメリカのケネス・ジョセフ・アロー（1921－）の「不可能性定理」なのです。

アローの不可能性定理

個人間比較できない序数的効用からは、個人的選好を集計して、民主的に、社会厚生の順序を導くことができないという、一種の決定不能な状態が起きてしまいます。

例えば、政策A・B・Cという3つの政策があるとしましょう。3人の個人の好みが食い違い、一人はA＞B＞C、一人はB＞C＞A、もう一人はC＞A＞Bという決定不能問題が起こりえるのです。例えば、好みのランキングを投票で決めようにも、1位の投票、2位の投票、3位の投票でも、全てで票が散らばってしまいます。要するに、個人の好みを集計しようにも、弱い仮定からは、弱い結論しか出てきません。

ところが、近年、発達してきた「ネオ（新しい）厚生経済学」という学派（上述の新厚生経済学とは別のより新しい学派）は、旧厚生経済学をそのまま受け入れるわけではないのですが、新厚生経済学が忘れてしまった**倫理的視点の回復**を目指しています（後藤〔2002〕）。

その先駆者が、アメリカ・ハーバード大学の倫理哲学者ジョン・ロールズ（1921－2002）です。ロールズは、1971年に出版された『正義論』において、自分と他人の能力や環境に関する知識がまったくないような「無知のヴェール」に覆われた原初状態では、人間はおしなべて最悪の状態を回避しようとすると考えました。

ロールズの正義論

無知のヴェールの下では、不平等回避の立場から、最も不遇な人を考え、権利・自由・所得など、彼らの社会的基本財の分配を最大にするべきなのです。

もう一人の立役者が、インド出身でイギリス・ケンブリッジ大学の倫理経済学者アマルティア・セン（1933－）です。センは、インドの家庭に縛り付けられた主婦、あきらめきった奴隷のような社会的弱者でも、彼らの潜在能力を発揮し、社会に参加すべきことを主張しました。センは、その際、主流派経済学の効用という指標ではなく、人間にとって共通な機能性に着目し、「ケイパビリティ（潜在能力）」が発揮されているかという観点から、社会厚生を論じました。

センのケイパビリティ

ケイパビリティとは、分かりやすく言えば、ある人が価値あると考える生活を選ぶ自由のことです。そして、社会的弱者に対して、機会を与えるだけでは十分でなくて、機会を活用する環境も整えてやらなければ、いつまでも格差はなくならないのです。

ロールズとの対比でいえば、センは、ロールズのいう社会的基本財そのものではなく、社会的基本財を使って、自分の目標を達成するために、社会的弱者が潜在能力を十分に発揮できているかどうかが重要だというわけです。

こうしたセンのケイパビリティを実用化しようとした試みが、国際連合開発計画（UNDP）の「人間開発指数（HDI）」です。HDIは、平均寿命、教育（識字率＋就学率）、

1人当たり国民所得の3つの指標から構成され、1993年から、国連の人間開発報告書（HDR）で発表されています。国民所得（GDP）だけでは測りきれない人間の潜在能力を重視しようとしているのです。

センが、ケイパビリティと並んで、重視した概念が「コミットメント」です。コミットメントとは、他者に対する共感のことであり、一種の利他性と考えることもできます。センは、新古典派経済学や新厚生経済学でいうところの、利己的で合理的なホモエコノミカスを称して、「合理的な愚か者」と呼びました。実際の生身の人間は、高いレベルで、他者に対する思いやりを持っている賢者だと考えたのです。

共感や啓蒙された利己心。こうした概念こそ、経済学が制度化され、モラルサイエンスから独立していく中で、置き忘れたものでした。今こうして、経済学の内側で、スコットランド啓蒙主義の時代から200年以上経って、ヒューマニズムの復権が見られるのは嬉しいことではありませんか。ここに、私は、モラルサイエンスとしての経済学のあるべき姿、そして行動経済学が学問的に貢献する道を見ます。

BOX 経済学者⑦ アマルティア・セン（1933－）

アマルティア・センが経済学者を志すきっかけとなったのは、センが9歳の時、1943年のベンガル大飢饉が発生し、200万人を超える餓死者を出したことでした。センの通う小学校に飢餓で暴徒が入り込み、ヒンズー教徒とイスラム教徒の激しい抗争も起こりました。センは、この原風景を忘れたことはないと言います。

センは、1933年、インドの西ベンガルで生まれました。センの一家は学者一家で、父親は化学者だったそうです。アマルティア（不滅の人）という名づけ親は、インドの詩人ビンドラナート・タゴール（1913年にアジア最初のノーベル賞受賞）でした。センは、1953年にカルカッタ大学を卒業後、イギリスのケンブリッジ大学に留学します。その頃から、センは、経済学と哲学への興味を持っていたと言います。

アマルティア・セン

センはデリー大学で教職につきましたが、1971年に、イギリスに渡り、LSE（ロンドン・スクール・オブ・エコノミクス）で教鞭をとり始めました。その当時のセンは、アローが創始した社会選択論の研究に励み、いくつかの重要な理論的研究を発表しました。他方で、センは社会選択論だけでは満足できず、ハーバード大学のロールズの正義の哲学に強く影響を受けました。その点、LSEは経済学者のみならず、政治学者、社会学者も在籍しており、社会科学を総合的に研究する上で、良い研究機関だったと思われます。

その後、オックスフォード大学を経て、妻の病気の治療の必要もあり、活躍の場所をハーバード大学へと移しました。その頃、センは、社会選択の数理的研究から、より現実的な経済問題に近い不平等の経済学に、研究テーマを変更していました。さらに、センは研究を推し進め、人間経済倫理学という学問分野の道に踏み入りました。そして、国際連合などの国際機関で、人間発達指標の開発にも従事しました。

1998年に、センはケンブリッジ大学のトリニティ・カレッジの学寮長という名誉ある職に就きました。前妻を病気で亡くした後、再婚した経済学者のエマ・ジョージナ・ロスチャイルド（ロスチャイルド財閥の一族）の勧めがあったと言います。そして、その同じ年、センは、アジア人で初めて、ノーベル経済学賞を授与されました。

第４章

利他性の経済学

本章のポイント

経済学は利己的なホモエコノミカスを想定してきました。しかし、生身の人間は、利他的な行動をとります。利他性には、「見せかけの利他性」と「真の利他性」があり、概念的に区別する必要があります。「見せかけの利他性」が占める部分は大きいのですが、だからといって「真の利他性」の存在が否定されるわけではありません。人間には、他者の役に立ちたいという内的動機が備わっており、利他的な行動から喜び（ウォームグロー）を得るものです。近年、利他性に関する遺伝学的・脳科学的解明が進み、経済学でもホモエコノミカスを超越した新しい人間像の構築が求められています。

1　情けは人のためならずか

ホモエコノミカスは、利己的で合理的な人間だとされます。しかし、第1章の「最後通牒ゲーム」で紹介したように、人間は必ずしも利己的にだけ行動するわけではありません。相手に拒否権がある時、1万円を分けるべきか分けざるべきか。理論的な答えは、1円あげれば十分というものですが、生身の人間は4000円程度分配することが多いようです。人間は思ったよりも利他的なのです。

しかし、この利他性がくせ者です。本当に、ココロから相手を思っての利他性でしょうか。最後通牒ゲームの行動を自己分析してみると、分配の動機は利他的というよりも、むしろ利己的な打算にもとづいているように思えます。つまり、分配額が少ないと、相手に拒否されてしまい、1円も受け取ることができなくなることを恐れている自分を発見するからです。あたかも利他的に見える行動であっても、利己性によって行動が支配されているのです。こうした一見したところ利他的に見えるが、実は利己的な行動を「見せかけの利他性」と言います。情けは、人のためならずというわけです。

見せかけではない「真の利他性」とは、本来、自分への見返りを求めず、時には自らの利得を犠牲にしてまで、他者に便宜をはかろうとするココロのことを指します。真の利他性など、この世に存在しないと思われるかもしれませんが、人には他人を哀れむ「惻隠《そくいん》の情」（孟子）が備わっており、自らの命を犠牲にしても、他人の命を救おうとする勇者もいます。2001年1月、韓国人留学生と日本人カメラマンが、JR大久保駅で転落した成人を助けようとして、尊い命を落としました。また、2003年11月、埼玉県在住の中国人留学生が川で溺れている小学生を助けようとして、やはり尊い命を落としました。

独裁者ゲーム

真の利他性を調べるために、最後通牒ゲームの変形である「独裁者ゲーム」を考えてみたいと思います。

独裁者ゲーム

あなた方に1万円あげます。どう分けるかはあなた次第ですよ。
ヒヒヒ
拒否権なし

相手が誰か分からないように、2人を1組にして、片方の人間にこう言います。

「あなた方2人に1万円を差し上げます。ただし、この1万円をどう分けるかは、あなたが決めてくれて結構です。2人で分けても良いし、分けなくても良い。相手に拒否権はなく、あなたの申し出る分配額を受け入れるしかありません」

相手は拒否権を持たないところが、最後通牒ゲームと違います。独裁者ゲームは、分配額が少ないために相手が拒否して、自分が1円ももらえなくなることを心配する必要はありません。したがって、独裁者ゲームで他人に分配するならば、それは真の利他性にもとづいた行動であると考えられます。実際に、独裁者ゲームを行うと、分配額は最後通牒ゲームの4000円から大幅に減るものの、ゼロにはならず平均して2000円程度を分配するようです。比率に直せば、見せかけの打算も含めて、4割程度（=4000円／1万円）を他人に分配しますが、そのうち、半分の2割程度（=2000円／1万円）が真の利他性に帰着するというわけです。

独裁者ゲームでも、相手が、友人や家族のような、身近な存在であれば分配額が高くなる傾向があること、あるいは、相手の写真を見るだけで分配額が上がるような傾向があることも分かっています。

また、南アメリカの発展途上国では、利己性が強く見られたのに、アメリカのような先進国では、利他性が強く見られるなど、文化や発展の違いが、利他性に影響することも知られています。このように、利他性の研究はまだ始まったばかりで、分からないことが沢山あります。

人間の利他性を、経済モデル化する取り組みも始まっています。その代表的なモデルは、

「不平等回避モデル」と呼ばれています。モデルの考案者は、平等や分配の経済分析に多大な貢献を残してきたスイスの経済学者エルンスト・フェールとドイツの経済学者クラウス・シュミットです。

最後通牒ゲームや独裁者ゲームの実験結果が示唆するように、自分の効用には他人の利得も影響します。とくに、自分の利得と他人の利得の差が重要なのです。自分の利得と他人の利得の差を「不平等」と呼びましょう。もしも自分の利得の方が他人の利得よりも大きいときに、自分の効用が低下する場合、不平等に対して「罪悪心」を感じていることになります。自分に有利な不平等が大きいほど、自分の効用が低下するようなモデルを不平等回避モデルと呼びます。

不平等回避モデル

不平等を嫌う重みをαとするとき、次の式が成り立ちます。

自分自身の効用＝自分の利得　－　α　×　（自分の利得　－　他人の利得）

＝（1－α）×　自分の利得　＋　α　×　他人の利得

独裁者ゲームで考えてみましょう。α＝0の人は、不平等に対して、罪悪心を持たない人です。自分の効用は、自分の利得だけで決まってしまいます。この人は、自分の利得を1万円、他人の利得をゼロとするでしょう。$\alpha=0.5$の人は、罪悪心を持つ人です。この人は、自分の利得と他人の利得に同じ効用を感じるので、どちらをどのように分配しても同じ効用を得ることになります。例えば、自分の利得を5000円、他人の利得を5000円とするでしょう。$\alpha=1$の人は（このような人がいるとすればの話ですが）、病的な罪悪心を持つ人です。この人は、自分の利得はゼロ、他人の利得を1万円とするでしょう。

不平等回避モデルの適用可能性は広いと思われます。例えば、他人の利得を社会の平均的な利得水準と読み替えれば、自分が社会的平均よりも高いときに居心地の悪さを感じ、自分が社会的平均よりも低いときには不遇感を感じる中流志向モデルということになるでしょう。

人間は社会的な動物なので、どのような参照基準を自分のココロの中に持つかどうかで、罪悪心や嫉妬心の感じ方が異なってくるのです。このような参照基準は文化的・社会的背景に大きく依存するので、今後も、様々な実証研究を積み重ねていくことが大切なのです。

BOX 研究紹介④　社会的距離と利他性

独裁者ゲームでは、通常、面識のない赤の他人との、その場限りの分配問題を想定しています。しかし、実際には、友人や家族のような、社会の中で関係性のある人との分配を考える方が一般的です。そこで、私と共同研究者は、先ず、自分をゼロ、見ず知らずの他人を100と社会的距離を区切って、顔見知り、親しい友人、家族を、ゼロと100の間のどこに位置づけるのかを尋ねました。そして、平均的に見て、顔見知りの社会的距離は64・0、親しい友人の社会的距離は42・5、家族の社会的距離は34・6という結果が得られました（Ida and Ogawa〔2012〕）。

次に、仮に相手が見ず知らずの他人、顔見知り、親しい友人、家族であった場合に、独裁者ゲームの分配行動がどのように変化するかを調査しました。分配率で見ると、見ず知らずの他人に対して31・8％、顔見知りに対して34・5％、親しい友人に対して40・4％、家族に対して43・8％の分配を行うという結果が得られました。

こうした身近で社会的距離が近い相手に対して、より多く分配するという行動から、社会的距離が1単位遠くなるにつれて、効用が0・013単位だけ減ると計算されます。この社会的割引率を先ほどの社会的距離にあてはめて計算すると、社会的距離ゼロの自分自身の効用を1として、見ず知らずの他人の効用は0・27、顔見知りの効用は0・43、親しい友人の効用は0・57、家族の効用は0・63に相当するという計算結果も出てきます。他人の利得が上がることから、自分自身も効用を得るという、利他性を計量的に分析した研究の一例です。

2 内的動機に訴えかける

人間の利他的な行動の半分（4割中の2割）は、見せかけの利他性。結局は自分への見返りの気持ちの裏返しです。しかし、利他的な行動の残りの半分は、真の利他性の反映でもあります。ここで、他人や社会の役に立つ行動を「社会的行動」と呼びます。

天災にあった地域や恵まれない人のために、自発的にボランティアを行ったり、寄附を行ったりするのです。一体、そうした社会的行動の動機は何なのでしょうか。ひとつの手がかりになるのが、「内的動機」です。

内的動機

人間の内側の道徳心や公共心から、他人や社会のために尽くそうとする行動動機。金銭的目的のために、社会的行動をとる外的動機と対比される概念。もともと心理学で議論された概念ですが、近年では、行動経済学で注目されています。

自分のとる社会的行動を通じて、他人が喜ぶ様を見て、自分の利他的な効用が高まる。こうした他人の幸福を自分の幸福として感じる気持ちを、「ウォームグロー（暖かい灯火）」と呼びます。内的動機を最初に議論したのは、アメリカのウィスコンシン大学のハリー・F・ハーロウです。ハーロウは、サルの行動を観察して、サルが自発的に楽しそうにパズルを解く姿の中に、内的動機を発見しました。ここで、面白い現象が知られています。夢中になっているサルに褒美を与えると、サルのパズルの回答率が下がるのです（ブラム〔2014〕）。

アメリカのロチェスター大学のエドワード・デッシは、人間の場合にも、金銭的報酬を与えると、途端にパズルの正答率が下がる同じ現象を見つけました。このように、内的動機が働いている状況下で、金銭のような外的報酬を与えてしまうと、かえって内的動機を損なってしまい、社会的行動が減退する現象を、「クラウド・アウト」と呼びます。クラウド・アウトは、献金、献血、納税、節電など、様々な社会的行動で観察されることが確認されています。

例えば、米国の有名雑誌に掲載された経済実験によると、図書館でのデータ入力と募金の収集という2つの作業で、募集時に告知した金額よりも多いアルバイト謝金の金額を払うという介入を行ってみました。謝金が増えるのだから、一生懸命に頑張って、努力水準が上がるように思われます。しかし、実験結果は意外なものでした。告知よりも多い報酬を払ったとしても、いずれの作業でも、実験協力者の努力水準は、通常の謝金を支払う実験協力者と変わらなかったのです。作業内容にやり甲斐を感じていた実験協力者の内的動機が、外的報酬によって破壊されたために、結果的に努力水準が上がらなかったと考えられます（Gneezy and List〔2006〕）。

ここでは、２０１１年3月11日に起きた東日本大震災とその後の電力危機を例にとり、どのように人間の内的動機に訴えかけて、節電行動を引き出すことができるのかを考えてみましょう。そもそも、なぜ、節電が社会的行動なのでしょうか。福島第一原子力発電所の津波事故に端を発し、日本の原子力発電所が次々に停止しました。夏の昼間に電力の供給力が不足し、一般家庭の需要家も含めて、節電要請が発動されました。家庭が節電すれば、家庭のピーク需要は全体の3分の1を占めますから、塵も積もれば山となり、電力需給の逼迫が緩和されて、社会全体が助かるのです。つまり、節電は、市場の価格メカニズムを経由しないでも、プラスの効果が需要家間に波及するという外部性が備わっており、一種の「公共財」なのです。

それでは、人間の内的な動機に訴えかけて、節電のような、社会的行動を引き出す方策を考えてみます。第一の内的動機促進策は、社会的な情報提供です。あなたの社会的行動が、いかに世の中にとって大切か、どれほど社会のために役立つかを分かりやすく伝えるのです。例えば、一軒一軒の家庭が、電力が足りないピーク時間に、エアコンの設定温度を3度上げて、節電に協力すれば、社会全体でどれだけの省エネ・節電になるかを分かりやすく訴えます。多くの需要家は自分の取組の社会的インパクトを過小評価しており、塵も積もれば山となることを忘れています。万里の道も一歩から。まずは、最初の気づきから、出発するのです。

第二の促進策は、社会的なプレッシャーを与えることです。第一の促進策とは逆に、社会的行動がなぜ必要なのかを説き、社会的行動をとるように強く説得することです。例えば、具体的な節電の数値目標を各需要家に伝えて、遵守することを求めるのです。あくまで、自主性を重んじる限り、内的動機に訴えかけているわけですが、一歩間違うと、クラウド・アウトが起きてしまい、かえって社会的行動が減退する危険性があります。したがって、社会的プレッシャーを与えて、社会的行動を引き出すことが、本人のウォームグローにつながるかどうかは分かりません。

第三の促進策は、**社会的行動をランキング化**し、相互に比較することです。人間は社会的動物なので、社会的に比較されることに敏感であり、他者よりも多くの社会的貢献をしている場合は優越感を、他者よりも社会的貢献が少ない場合は劣等感を感じます。例えば、アメリカの情報提供会社のOpower（オーパワー）という会社は、電気料金の請求書に、当該家庭と家族構成がよく似た100軒の平均電力消費量と比較した情報を提供したところ、数％の省エネ・節電を引き出すことに成功したと言います（Allcott〔2011〕）。

第四の促進策は、自分が社会の中でどのように認知されているか、そういった社会的イメージを変えることによって、社会的行動を引き出すことです。人間は、絶えず、他者の目を気にしています。例えば、自分の善行が、多くの人の目に触れて、褒賞されれば、やはり嬉しいものです。頑張って節電したことを、コミュニティの回覧板やニュースで、実名入りで取り上げられれば、自尊心が満たされ、より一層、社会的行動に勤《いそ》しもうとするでしょう。

BOX 研究紹介⑤　内的動機の持続性

人間の内的動機に訴えかけて、節電のような、社会的行動を促進させることが、行動経済学の分野ではよく知られています。しかし、どの程度、その効果が長続きするものか、完全には分かっていません。そこで、私と共同研究者は、2012年夏、東日本大震災後の京都府南部で、経済産業省プロジェクトの一環として、一般家庭に、節電をお願いする介入と電気料金を1kWhあたり25円から最大100円程度まで時間帯別に変動させる介入の2種類を導入して、その持続効果を比較検討しました（Ito, Ida and Tanaka〔2015〕）。

その結果は、とても興味深いものでした。平均的な節電効果は、節電要請が3％、変動型電気料金が20％と大きく開きましたが、最初の数日に限れば、節電要請も8％とそれなりに大きな節電効果を持ちました。しかし、その後、節電要請の節電効果は急速に減衰し、ほとんどゼロになってしまいました。他方で、変動型電気料金は、最初から最後まで、安定して節電効果を持ち続けました。

それだけではありません。実験の介入がなくなった後も、変動型電気料金の介入を受けた家庭では、約半分近く（約8％）、節電効果が生活習慣化したのに、節電要請の介入を受けた家庭では、節電が生活習慣化した痕跡は観察できませんでした。

以上の結果から、人間の内的動機に訴えかけても、価格メカニズムを活用した外的動機に比べて、その持続効果や生活習慣効果は限られていることが分かります。また、外から圧力をかけて、内的動機をクラウド・アウトしてしまっては、元の木阿弥です。やはり、人間の内的動機は、本人の自発的善意に任されるべきものであり、社会側の都合から、一方的に過度な期待をかけてはいけません。

3　利他性の根源に迫る

利他性にもとづく社会的行動が働くメカニズムとしては、他者の状態に対する共感が考えられます。共感こそは、ヒュームやスミスのようなスコットランド啓蒙主義の経済学者が、人間の行動原理の礎として、重視した概念でもあります。苦しんでいる他人を見た時に、共感としての苦痛を感じたり、援助しようと手をさしのべたりする兆候は、動物や人間の発達のかなり早い段階で観察されています。

例えば、もともと新生児が、別の子供の泣き声に反応して、もらい泣きをすることが知られています。生後1年経つ頃には、それ以前の単なるもらい泣きから、抱きしめたり、助けを呼ぼうとしたり、肯定的な介入行動をとるようになります。さらに、発達して、7〜10歳になる頃には、自分と他人の区別がつくようになり、恵まれない境遇の人や病気の人に対して、共感を持ち、社会的行動をとることができるようになります（Hoffman〔1977〕）。

皆さんは、「利己的な遺伝子」という言葉をご存じですか。イギリスの動物行動学者リチャード・ドーキンスが１９７６年に、著書『利己的な遺伝子』で展開した概念です。ここで、利己性とは、自分の生存と繁殖率を他者の生存と繁殖率よりも高めることと定義されます。ドーキンスは、どのような意図があったにせよ、利他的行動の結果が自己の生存と繁殖率を高めるのであれば、それは「姿を変えた利己主義」だと考えました。個体としての利他性も、遺伝子としての利己性に過ぎないというわけです（ドーキンス〔1991〕）。

ただし、全ての識者が、ドーキンスの説明に納得しているわけではありません。公平を期して、別の考え方も紹介しましょう。利他的行動は本能であり、利他的な遺伝子があって、胎児期に脳が形成される時、利他的行動を促すように神経のネットワークが形成されていくという考えもあります。この利他的遺伝子の起源として考えられるのは、自分の子供を養育する母性本能の遺伝子であり、母性愛にかかわる遺伝子群のひとつが、自己複製の重複コピーによって、利他的行動の対象を自分の子供だけでなく、より広い他者へも向ける働きの遺伝子として突然変異したというのです（柳澤〔2011〕）。

現在の学界においては、利他的遺伝子側の意見が、多数派を占めるにはいたっていませんが、共感や利他性を高めるオキシトシンのような信頼ホルモンの存在も知られており（母親が子供に愛情を持つ時の女性ホルモンでもあります）、その遺伝的メカニズムの解明が期待されています（ザック〔2013〕）。

見せかけの利他性と真の利他性の遺伝的メカニズムを完全に解明するには、まだ時間がかかりそうです。しかし、その間、興味深い学問的研究が、脳機能の研究で進んでいます。後の章で解説しますが、近年、f-MRI（機能的核磁気共鳴画像）をはじめとするニューロ・イメージング装置が開発され、脳の働きのマッピング（地図化）が可能になっています。こうした技術を用いて、経済学と脳科学を融合する新しい学問分野を「ニューロ・エコノミクス」と呼びます（村井〔2009〕）。

見せかけの利他性にかかわる最後通牒ゲームにおいて、f-MRIを用いて、脳機能のどこが活性化するのかを調べた実験があります。不公平な提案をされた時に活発に活動する脳の部分は、損失を受けた負の効用を反映すると考えられる部位（島皮質）でした。島皮質の前部は、人間の怒りなどの感情に深くかかわっています。島皮質が働くシナリオを次のようにまとめることができるでしょう。不公平な提案をされると、我々は怒りの感情を持ってしまいます。この感情の高ぶりが、我々の提案を受けるかどうかの判断に影響し、不公平な提案を拒絶させるのです。

次に、真の利他性にかかわる独裁者ゲームとよく似た分配ゲームにおいて、報酬とかかわる脳の部位（線条体）が活発に活動しました。驚いたことに、自分の取り分が増える時も、自分の取り分が増えるわけではないが、他人の取り分が増える時も、線条体が活動したのです。

これはどういうことでしょうか。自分のもらえるお金が増えれば、それは嬉しいことです。報酬系の部位が活動します。他者の取り分が増えた時にも、同じような嬉しい気持ちが働いて、報酬系の部位が活動したわけです。利己的な効用と利他的な効用は、脳の中では線条体という同じ部位の活動なのです。やや意外な結論と言って良いでしょう。

現在のところ、社会心理学的な実験からも、共感が利他的な動機を生むという「共感‐利他性仮説」を支持する結果が得られているようです。例えば、次のような実験を考えてみましょう（バトソン〔2012〕）。

共感‐利他性仮説の実験

ある女子大生が、エレインという名前の女性が電気ショックを受けるというショッキングな観察実験に参加します。女子大生は、エレインとの属性の類似点が高いかどうかで、共感が高い低いに分類されます（共感の高低）。

女子大生は見るに見かねて、最後まで観察に参加するか、途中で観察を止めるか、ランダムに2つのグループに分けられました（逃げやすさの高低）。

さらに、女子大生は、途中でエレインの身代わりになることができると告げられました（援助するかしないか）。女子大生は身代わりになることを申し出たでしょうか。

共感‐利他性仮説によれば、エレインへの共感が低く、逃げやすい状況では、援助が低くなると予想します（共感‐利他性仮説）。他方で、その場から逃げ出したいという利己的動機が強いならば、共感が高くても、逃げやすい状況では、やはり援助が少ないと予想します（利己的動機仮説）。

結果は、逃げやすく共感が低い場合の援助比率は18％、逃げやすく共感が高い場合の援助比率は91％、逃げにくく共感が低い場合の援助比率は64％、逃げにくく共感が高い場合の援助比率は82％でした。

逃げやすく共感が低い場合の援助比率が18％と非常に低くなっていますので、共感‐利他性仮説の予想が支持されました。他方で、逃げやすく共感が高い場合の援助比率は91％と非常に高いので、利己的動機仮説の予想は支持されませんでした。やはり、どのような論点から見ても、人間に個体レベルの利他性が備わっていることは否定できません。

それでは、個体レベルの利他性は、遺伝子としての利己性の反映でしょうか。人間のように、成人が子孫を持つ能力を持つならば、自分の遺伝子を残すのに、一部の昆虫のように、血縁度を最大化するという迂遠な道をとる必要はないように思われます。仮に血縁を助ける行動が見られるとしても、別の根拠による社会的規範や文化的習俗の歴史的産物だと思われます。

他方で、母親の子供への気遣いには十分に遺伝的な基礎があると考えられるし、共感が利他的行動において重要な役割を果たすことが、実験からも繰り返し、確認されています。そうである以上、経済学も利己的なホモエコノミカスという人間像を離れ、他人の利得を自分の効用として感じる利他性を行動動機として備えた人間像を、学問観の土台に据えるべき時期に来ているのではないでしょうか。

第５章
不確実性と想定外の経済学

本章のポイント

統計的確率を付与できるリスクと付与できない不確実性。ケインズの論理的確率論は、両方の世界をまたぐ意欲的な挑戦でしたが、次第に忘れ去られてしまいました。その論理的確率の批判的検討の中から、主導的地位に就いたのが主観的確率論です。しかし、主観的確率論が必要とする「確率の加法性」という合理性は、現実の確率判断の中で、なかなか満たされないことが多いのです。また、近年、想定外のリスクという言葉をよく聞きます。無視でもない、過剰反応でもない、心構えが必要です。現在では、行動ファイナンスという分野で、ケインズの提唱したアニマルスピリッツの見直しが見られるなど、新しい潮流も注目されています。

1 真の不確実性を探る

世の中は不確実です。つまり、偶然性があるために、結果が一つに定まらずに、様々な結果が起こりえます。そのような場合に、ある結果が起きると期待される度合いを0から

1の間の数値である「確率」をもって表現します。要するに、偶然性を持つある出来事について、その出来事が起きることが期待される度合いのことです。数学的には、すべての可能なケース数に対して、ある事象に属するケース数の比率だと言うこともできます。

分かりやすい例を考えてみましょう。完全な正六面体を転がしてみれば、ある面が一番上を向く確率は全て等しく6分の1のはずです。確率には、試行回数を増やせば増やすほど、定められた確率に収束するという法則があります。実際にサイコロを振ってみると、なかなか確率は6分の1には収束しません。サイコロを6回振って、1の目が少なくとも1回出る確率は67％に過ぎないのです。

確率は、無限繰り返し試行における統計的頻度のことですが、現実世界における繰り返し試行は有限です。私もコンピュータを使ってシミュレーションしてみましたが、試行回数を60回まで増やしても、確率はまだ十分に6分の1に収束しません。300回まで増やすと、確率はかなり収束してきました。600回まで増やすと、確率はほぼ収束しました。いずれにせよ、確率が収束するには、非常に多くの繰り返しが求められることが分かります。

ところが、確率は一度限りの繰り返しが利かない出来事にも使われます。例えば、今日の天気の降水確率。過去の似たような気象状況の降水情報をもとに、統計的に1時間内に1㎜以上の雨が降る確率を算出します。しかし、気象状況が完全に同じ条件で繰り返されることはありません。今日という一日は、一度限りです。統計的頻度説によれば、一度限りしかない出来事に、確率という概念を持ち込むのは、本来は誤りです。けれども、我々もそれなりに、降水確率の情報を有効利用し、傘を持つべきかどうかの参考に用いています。ある会社が経営破綻する確率を算定する分析もありますが、同じことです。一体、確率とは何なのでしょうか。考えてみれば不思議ですね。

ここで、手がかりになるのは、リスクと不確実性を分けて考えることです。20世紀前半に活躍したアメリカの経済学者フランク・ナイト（1885－1972）は、1921年に出版された『危険・不確実性および利潤』の中で、統計的確率を適用できる出来事を「リスク」、統計的確率を適用できない出来事を「（真の）不確実性」と呼びました。ナイトは、企業が直面する問題の多くは、統計的確率が与えられない不確実性であり、利潤を経営者の不確実性に対処したことの報酬だと考えました。

このナイトと類似した観点で、不確実性に迫ろうとした経済学者が、他ならぬジョン・メイナード・ケインズ（1883－1946）です。ある秋の日に晴れる確率が90％という天気予報があっても、その判断にいたるまでの推論の重みは人により異なります。ケインズが1921年に出版した『確率論』で問おうとしたのは、90％という確率の数値の大きさではなく、ひとつの命題（前提）から、別の命題（結論）へといたる推論に関して与えられる「確信の度合い」なのです。

リスクと不確実性

ナイトは、統計的確率を適用できる「リスク」と適用できない「不確実性」を峻別しました。企業の経営者が直面するのは不確実性であり、利潤は不確実性への報酬だと言います。

ケインズは、別の観点から、統計的確率が適用できない命題間の推論に新しい確率概念を考案しました。ケインズの確率は、統計的確率とは分けて、「論理的確率」と呼ばれることもあります。

ケインズの論理的確率が、通常の統計的確率とどう違うのか、次頁の図を使って説明しましょう。いちばん内側にあるサークルが狭義の確率です。統計的確率は、サイコロの目の出る確率のように、数値化可能であり、相互比較可能だと考えられます。しかし、ケインズの考える論理的確率は、数値化不能であり、相互比較不能な領域も含む、より広い概念です。とはいえ、この段階では、ケインズは、まだ合理的・論理的判断を仮定しています。そして、そのさらに外側には、確率判断を形成できる合理的根拠が全く存在しない不確実性の世界が広がっているのです（酒井〔2015〕）。

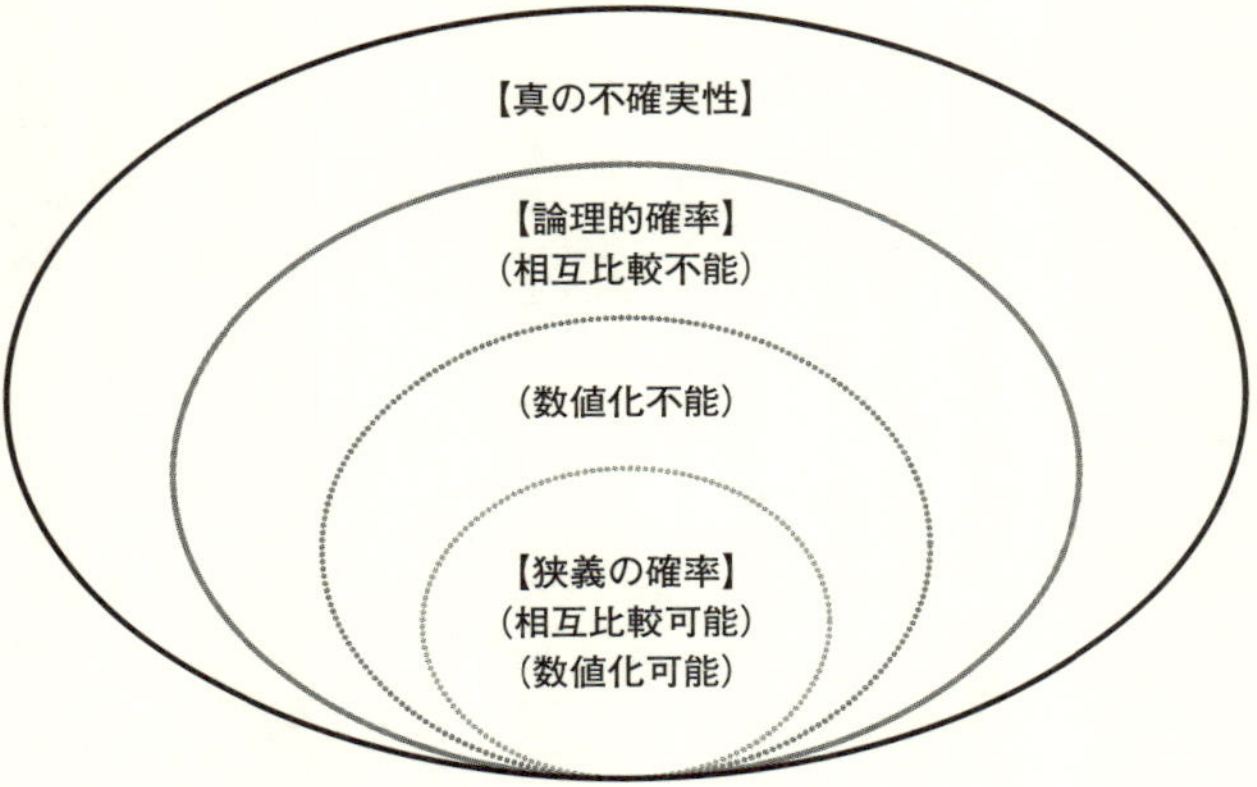

出所）酒井（2015）p.64を元に作成。

ケインズの確率と不確実性

ケインズによれば、１９３６年に出版された経済学の革命の書『雇用、利子および貨幣の一般理論』の中で、不確実性を次のように例えています。

・ヨーロッパに戦争が勃発する見通し
・20年後の銅の値段や利子率
・新しい発明の陳腐化
・１９７０年の個人財産制度の行方

要するに、目の前の経験豊富な出来事ではなく、かなり先の経験値がほとんど活きてこないような出来事を、ケインズは不確実性と呼びました。これは、人間の人生にもあてはまることです。ちょっとした外出の時、今日の昼ご飯に何を食べたら、元気に一日を過ごせるだろうか。これは、不確実性ではありません。進学、就職、結婚……。人生の一大事は、何度も繰り返しあるものではありません。そうした、繰り返しのききにくい出来事を不確実性と呼ぶのです。

成功するかどうか分からない事業への投資など、我々の持つ判断の根拠は薄弱なものです。人間が将来の不確実性に立ち向かうには、「アニマルスピリッツ（血気）」が重要だと、ケインズは説きます。ケインズによれば、アニマルスピリッツとは、人間本性の不安定性であり、活動への自発的衝動でもあります。

ケインズは、『一般理論』の中で、不確実性の世界では、主流派経済学が想定するような統計的確率概念を用いた数学的期待値の最大化は成り立たないことを繰り返し論じています。このように、『確率論』で展開したケインズの世界観は、形を変えながらも、『一般理論』の中に色濃く残っているのです。

BOX 経済学者⑧ ジョン・メイナード・ケインズ（1883－1946）

20世紀前半の最大の経済学者ケインズ。誰も異論を唱えることはないでしょう。しかし、不思議なことに、ケインズは経済学学士でも博士でもなく、経済学部の教授でもありませんでした。何冊もの重要な経済学の著書は出版していますが、ケインズの生涯では経済政策や投資に関わる実務家としての顔、ロシアのバレリーナだったリディア・ロポコヴァを妻に迎えた芸術愛好家としての顔も見逃せません。

ケインズは、カール・マルクスが死んだ1883年、イギリスの学問街ケンブリッジ市ハーヴェイ・ロード6番地で生まれます。父親は経済学者、母親はケンブリッジ市長を務めた典型的なイギリスのインテリ家庭の出身です。市場任せにすれば問題は自然に解決するという自由放任政策へのケインズの強い批判は、出自のエリート的家庭環境に結びつけられ、社会的エリートが社会問題の解決をリードするべきだという「ハーヴェイ・ロードの前提」とも呼ばれました。ケインズには、良く言えば、エリートの「ノブレス・オブリージュ（高貴な者の義務）」、悪く言えば、「鼻持ちならぬエリート主義」があったのは事実です。

20世紀前半の世界の知的中心地だったケンブリッジからは、様々な分野で独創的な研究が生まれました。その輪の中心にいたのがケインズなのです。当時、インド省の役人だったケインズが、ケンブリッジ大学に復帰するために書いた論文が『確率論』です（内容的には『蓋然性論』と訳した方が正確かもしれません）。

ケインズの『確率論』を理解する上で重要なのが、ケンブリッジ大学の二人の先輩です。一人は倫理学者のジョージ・エドワード・ムーア、もう一人は論理学者のバートランド・ラッセルです。奇しくも、同じ1903年に、当時大学生だったケインズに大きな影響を与えた革命的な書物を出版します。

ムーアは『倫理学原理』を出版し、道徳的判断の原理を明らかにしました。道徳的概念の基礎にある善は、内生的価値を有するもので、他の要素に還元することはできないと言うのです。この考えは、ケインズや女流小説家ヴァージニア・ウルフなどが所属したブルームズベリー・グループと呼ばれる前衛的文学・芸術集団の思想的バックボーンになりました。

ラッセルは、『数学原理』を出版し、数学の定理を全て論理学の概念と基本命題に還元するという挑戦に取り組みました。この過程で、論理学それ自体の枠組みの中で、真偽が決定できないようなパラドックスを発見しました。簡単に言えば、「クレタ人が「クレタ人は嘘つきだ」と言った」というような自己言及性を含む命題です。ラッセルの発見は、その後の数学基礎論に大きな影響（どちらかというと論理の限界を示すという意味で悲観的な影響）を与えました。

ジョン・M・ケインズ

ケインズの『確率論』は、ムーアの倫理学とラッセルの論理学を総合して、確率の論理学を体系化しようとした意欲作でした（伊藤〔1999〕）。経済学者ケインズの、通常あまり触れられるところの少ない素顔です。

2 主観的確率の罠《わな》

残念ながら、ケインズの若き日の挑戦である論理的確率は支持の広がりをそれほど得ることができませんでした。ケインズの後輩にあたる27歳で夭折した天才フランク・ラムジー（1903－30）が、主観的確率という立場で、難解なケインズの論理的確率を批判したからです。

ラムジーの考え方は、基本的に簡単です。人間の賭けの選択を通じて、主観的確率は自ずと表現され得るというものであり、人間の行動を通じて効用関数が表されるという顕示選好理論と同じアイデアでした。こうしたラムジーの主観的確率論は、主流派経済学から受け入れられ、統計的な確率が分からない不確実性の場面でも、確率が効力を発揮するという論拠となりました。

例えば、統計的確率は分からないが当たりくじと外れくじが1本ずつあり、当たりの賞金が1万円だとしましょう。あなたが1000円を出して、このくじを買うとします。その時、次のような等式が成り立つはずです。

当たりくじの主観的確率 × 1万円の効用 ＝ 1000円の効用

あるいは書き替えて、

当たりくじの主観的確率 ＝ 1000円の効用 ／ 1万円の効用

ここで気になるのは、人間の合理性です。本来、確率は繰り返しがきく出来事に対して、統計的な頻度として与えられる数値です。客観的な統計的確率が分からない場面で、本当に上式のような主観的確率を合理的に形成することができるのでしょうか。0から1の間の数値であれば、何でも確率だというわけにはいきません。確率には、「加法性」という合理性が成り立つことが必要です。

確率の加法性

互いに排反な出来事Aの起きる確率と出来事Bの起きる確率を足し合わせれば、出来事Aまたは出来事Bの起きる確率と等しくなります。

あるいは、書き替えて、

出来事Aの起きる確率　＋　出来事Bの起きる確率

＝　出来事Aまたは出来事Bの起きる確率

降水確率に話を戻せば、今日、雨が降る確率（例えば30％）と雨が降らない確率（例えば70％）を足し合わせれば、今日、雨が降るか雨が降らないかどちらかの確率（100％）になるということです。

この当たり前の合理性が、あらかじめ統計的確率が与えられていないくじの選択において、破綻することがあることを鮮やかに示したのが、ハーバード大学の大学院生だったダニエル・エルスバーグ（1931－）でした。

エルスバークの反例

ここに二つの壺《つぼ》1と2があります。壺1と2の中には、それぞれ、赤玉・黒玉が100

ここに二つの壺《つぼ》1と2があります。壺1と2の中には、それぞれ、赤玉・黒玉が100個ずつ入っています。

壺1には、赤玉・黒玉がそれぞれ50個ずつ等確率（50％）で入っています。

壺2には、赤玉・黒玉がそれぞれ何個ずつ入っているのか分かりません。

まず、壺1か、壺2を選んで下さい。次に、赤玉か、黒玉か、色を指定して下さい。

そして、選んだ壺から、玉をひとつ引いて下さい。もしも自分が指定した色と引いた玉の色が一致していれば賞金が与えられます。

あなたなら壺1と壺2のどちらを選びますか。壺1には、赤玉・黒玉の確率分布が客観的に与えられています。壺2には、赤玉・黒玉の確率分布が客観的に与えられていないので、主観的に確率分布を評価する必要があります。このような場合、情報が全くないので、赤玉・黒玉が同じ程度の確率で入っているとみなすのが自然でしょう（これを「根拠不十分の原理」と呼びます）。

そうすると、壺2も、赤玉・黒玉がそれぞれ50個ずつ等確率（50％）に入っているということになります。つまり、壺1も壺2も、客観的・主観的の違いはあるものの、同じ確率分布になります。

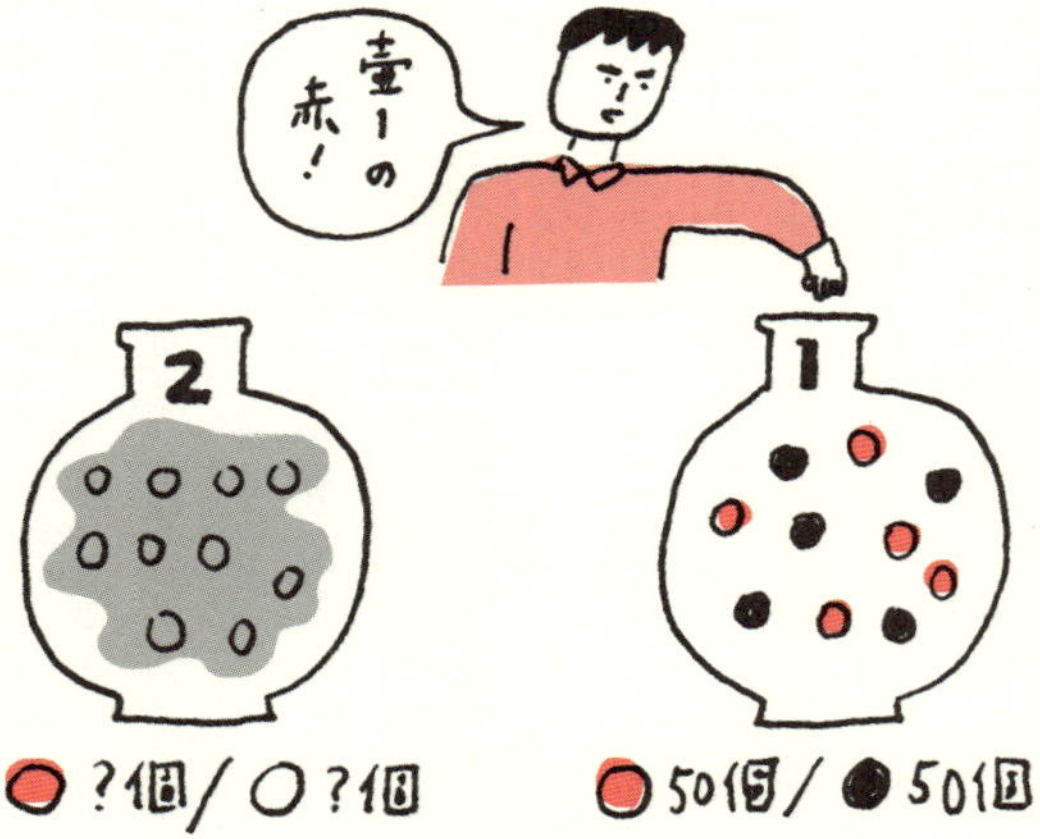

エルスバーグの反例

しかし、実際の人間の選択は違います。圧倒的多数の人が、壺1の方を、壺2よりも選ぶのです。なお、指定する色に関しては、赤玉・黒玉について、大きな違いはありませんでした。

なぜ壺1の方が、壺2よりも、好まれたのでしょうか。まず、当たり前のことから確認すると、壺1も壺2も、赤玉または黒玉が100個入っているので、赤玉または黒玉が入っている確率に違いはありません。次に、どちらの色を指定するにせよ、壺1を壺2よりも好むということは、壺1の赤玉の確率が、壺2の赤玉の確率よりも高く、同様に、壺1の黒玉の確率が、壺2の黒玉の確率よりも高いと考えているからです。

そうすると、壺1と壺2について、次のよ

うな式が成り立ちます。

壺1の赤玉または黒玉が入っている確率（100％）
＝　壺1の赤玉が入っている確率（50％）　＋　壺1の黒玉が入っている確率（50％）

壺2の赤玉または黒玉が入っている確率（100％）
＞　壺2の赤玉が入っている確率（？）　＋　壺2の黒玉が入っている確率（？）

客観的確率が付与されている壺1に関しては、確率の加法性が成り立っています。主観的確率を判断せざるを得ない壺2に関しては、確率の加法性が成り立っていません。つまり、壺2の赤玉が入っている確率と壺2の黒玉が入っている確率を足し合わせても1になりません。これを、主観的確率の劣加法性と呼びます。主観的確率は、確率概念の合理性である加法性を満たさないのだから、もはや厳密な意味での確率とは呼べません。

それでは、なぜ主観的確率の判断において、確率加法性が成り立たなくなるのでしょうか。壺の中には、赤玉と黒玉しか入っていないと言われても、黄色玉が間違って入っていたりするなど、「想定外」のことが起きるかもしれない。あるいは、積極的情報がない以上、赤玉と黒玉を同じくらいもっともらしいと考える根拠不十分の原理にそもそも確信を持てないのかもしれない。このように、人間は、確率が与えられているリスクと異なり、確率が与えられていない不確実性に対しては、合理性の揺らぎを持っているのです。

客観的な統計的確率が与えられない不確実性の世界で、確率を主観的に見積もるのは容易なことではありません。不確実性の世界では、人間は無意識に想定外の出来事も確率判断の中に織り込んでいるのです。この想定外に対する心理的割引が、足し合わせても合計確率が1にならないという主観的確率の劣加法性を導くと考えられます。20世紀初頭のケンブリッジ大学で繰り広げられた確率論争に、決着が付いたとは言えません。

3 想定外のリスクを織り込む

統計的確率が与えられない不確実性の意味を、もう少し広く考えてみたいと思います。第一の意味は、繰り返しがきかず、統計的頻度が分からないような一度限りの世界です。こちらを、(真の)不確実性と呼びました。第二の意味は、おおよその統計的頻度は分かるものの、その統計的頻度が天文学的に小さく、一度、事態が発生すると、人々に大きな驚愕を与えるような出来事です。こちらは、厳密な意味では不確実性ではないものの、統計的確率が役に立たないという意味では、一種の不確実性かもしれません。ここでは、「想定外のリスク」と呼びましょう。

イギリスの経済学者で、生涯を通じて不確実性を探究したジョージ・シャックル（1903－92）は、統計的確率を、不確実性や想定外のリスクにあてはめるのは間違いだと考えました。シャックルによれば、確率が客観的に与えられるものとすれば、それは統計的頻度であり、統計的頻度は人間の経験に基づく知識に他なりません。しかし、不確実性とは知識の欠如であり、想定外のリスクとは知識の不足を表すものです。したがって、不確実性や想定外のリスクに対して、確率が客観的に与えられるような状況を仮定することは、本質的な矛盾があるのです。

そこで、シャックルは、確率の代わりに、出来事の起こった時の「潜在的驚き」を、不確実性の尺度として考えました。シャックルは、不確実性にまつわる驚きは、非常にユニークな意味を持つので、確率のように加重平均することはできないと言います。

†「ブラックスワン」にどう備えるか

想定外のリスクに関して、面白い例を引いてみましょう。白鳥は白いものという長年の思い込みがあった中で、1697年、オーストラリアで、実際に黒い白鳥が発見されたのです。この発見は、大きな驚きをもって、当時の人々に受け止められました。この故事に因んで、想定外のリスクを「ブラックスワン」と呼びます（タレブ〔2009〕）。

人間は、通常、繰り返しの経験から学びます。個別・特殊な経験から、一般・普遍的な法則を導き出す推論を帰納法と呼びます。今まで経験した1000羽の白鳥の色が白だったことから、白鳥は白いものと判断するのが帰納法です。しかし、帰納法の弱点は、ひとつの反例で法則が否定されることです。偶然、1001羽目のブラックスワンを発見した人の衝撃の大きさはどれほどだったでしょうか。

このように繰り返しの利かない不確実性や、滅多に経験しない想定外のリスクは再現性が低く、それらの出来事に対して、確率を使って加重平均をとり、数学的期待値を求めることは、一人の意思決定者にとって、心理的にも経済的にも重荷です。なぜならば、想定外のリスクは、しばしば、破滅的な巨額の損害（大規模自然災害や金融市場危機など）を伴うからです。ごく少数の被害者だけが、大きな損害を負うことは、個人の負担できる範囲を超えてしまいますし、非常に小さな確率で損害を加重平均してしまうことは、運悪く巨大リスクに見舞われた被害者の痛みを薄めてしまうことにもなります。

すでにお気づきのように、想定外という言葉がよく使われるようになったのは、201

1年3月11日の東日本大震災以降です。未曽有の巨大地震とその後の原発事故も、想定外の巨大リスクを伴ったブラックスワンの一種と言えます。このような時、巨大リスクの発生前と発生後を比較してみると、人間は往々にして、想定外のリスクの完全な無視から過剰な反応へ、正反対な態度に一転しがちです。想定外のリスクを無視することも、過剰に反応することも、望ましい心構えではありません。

出所）https://upload.wikimedia.org/wikipedia/commons/7/78/Black_Swan_Flapping.jpg

ブラックスワン

アメリカ・ハーバード大学の法学者キャス・サンスティーン（1954-）は、どちらの極端な態度にも陥らず、費用対効果を考慮しながら、予防的なリスク削減措置を講じるべきだと主張しています。人類は、今、テロや巨大災害など確率が見積もりにくい想定外のリスクの脅威にさらされています。**そうした脅威を想定外に置いて安心するのではなく、予防措置の経済性を慎重に考慮しながら、リスクを低く抑える対策を取ることが重要なのです**（サンスティーン〔2012〕）。

BOX 経済学者⑨ ジョージ・シャックル（1903-92）

シャックルはイギリスが生んだ経済学の鬼才ですが、一般的な知名度はほとんどありません。大学進学率の低かったイギリスではよくあることですが、シャックルは苦学しながら、社会人教育にも理解のあったロンドン・スクール・オブ・エコノミクス（LSE）で学びました。シャックルの最初の先生は、オーストリアの経済学者フリードリヒ・ハイエクです。しかし、シャックルはケインズ革命直前の1935年、ケンブリッジで、ケインズの若き研究協力者たちの発表を聞き衝撃を受け、ハイエク主義からケインズ主義に宗旨替えをします。大恐慌の処方箋として、ハイエクの景気循環理論は無力であり、ケインズのマクロ経済学こそ必要だと悟ったのです。

以降、シャックルは、生涯を不確実性の研究に捧げました。シャックルによれば、ケインズ経済学のエッセンスは、不確実性下において、人間は合理的な期待を形成することができないので、根拠のない楽観が崩壊すると、企業は投資をためらい、それが有効需要の欠如を引き起こすことにあります。

そもそも、投資活動は合理性を欠いた活動であり、アニマルスピリッツが支配する世界です。

人間の意思決定とは、本質的に新しいもの、不確実性を世界に導入する創造的な過程に他ならないのです。将来の出来事の確率が客観的であるならば、それは統計的頻度であり、頻度は知識でしょう。ある出来事の知識と不確実性は両立しない、とシャックルは言います。客観的確率はリスクに適用できても、真の不確実性には適用できないのです。なぜならば、真の不確実性において、出来事の諸仮説は互いに排他的であり、ひとつの仮説が事実だとすると、他の仮説を否定することになり、確率分布による加重平均には意味がなくなるからです。このように論じて、シャックルは、人生における重大な意思決定は自己破壊的であり、ひとつの行為を選択することが、選択の構造条件の本質的部分を破壊してしまうと考えたのです。

G・シャックル

このように、20世紀半ば、独力で不確実性の謎に挑み、期待効用理論の批判的検討のさきがけとしての役割を果たし、今で言うところの自己組織性の経済学まで先取りしていたのは驚きです。シャックルこそ、早すぎた予言者だったのかもしれません（依田〔1997〕）。

4 アニマルスピリッツの復活？——行動ファイナンスの誕生

ここまで、ケインズとケンブリッジ学派を中心に、人間の確率判断を論じてきました。しかし、第二次世界大戦後、経済学の中心がイギリスからアメリカに移ると、ケインズ理論は影響力を失っていきます。代わりに台頭したのが、アメリカ・シカゴ大学のロバート・ルーカス（1937-）が主張した「合理的期待形成理論」です。人々が利用できるすべての情報を効率的に使えるのであれば、価格や利子率に関する個人の主観的予想は平均的にみて正しいとする考え方です。この仮説は、ケインズ政策の有効性を否定する一方で、合理的には説明しきれない心理的要因を軽視する風潮も生みました。

しかし、現実の経済では、バブル発生と崩壊が繰り返されています。そうした中で、ケインズの提唱したアニマルスピリッツに再注目したグループもいます。2013年にノーベル経済学賞を受賞したアメリカ・エール大学のロバート・シラー（1946-）もその一人。シラーは、人間の認知能力には限界があり、投資家が将来に期待する利益を過大評価するのが株価バブルだと考えました。ケインズ思想の新しい流れと言えるでしょう。

スウェーデンの王立科学アカデミーは2013年10月、株式や債券など資産価格の実証分析に関する貢献をたたえて、その年のノーベル経済学賞をシカゴ大学のユージン・ファーマ（1939－）、同大学のラース・ハンセン（1952－）、エール大学のロバート・シラーに授与すると発表しました。3氏とも早くからノーベル賞候補に推されており、文句なしの受賞と言えます。しかし、計量経済学的な手法の開発が受賞理由であるハンセンはともかくとして、金融市場観が全く異なるファーマとシラーが同時受賞したのは、専門家に大きな驚きを与えました。自然科学では、同じ研究分野で異なる見解を持つライバルに同時に賞を与えるようなことはないでしょう。

ノーベル経済学賞は正しくは「アルフレッド・ノーベル記念経済科学スウェーデン国立銀行賞」という名称で、1968年、同国立銀行（中央銀行）が設立300周年祝賀の一環として設立し、賞金も同国立銀行が出しています。経済学賞といっても、政治学・社会学・心理学・歴史学まで対象分野は広い。従来は狭い経済学分野に限って選考されてきましたが、1995年に、対象を社会科学まで含めて考えるという変更がなされています。

過去の受賞者を見ると、選考委員会の工夫の跡が見てとれます。例えば、2002年は行動経済学（ダニエル・カーネマン）と実験経済学（バーノン・スミス）のように隣接する分野が同時受賞したり、2012年のゲーム理論（ロイド・シャプレー）と制度設計論（アルビン・ロス）のように新旧の貢献者が同時受賞したりしてきました。しかし、2015年のように、同じ分野で立場が異なり、ライバル視されてきた研究者が同時受賞するのは珍しいことです。古い例になりますが、1974年に「左翼と右翼の結託」と言われたグンナー・ミュルダール（1898－1987）とフリードリヒ・ハイエク（1899－1992）の同時受賞以来の珍事です。

ここで、ファーマとシラーの学問内容を解説しましょう。経済学の考えによれば、もしも資産市場がうまく機能すれば、投資家の資産価格に対する予測可能性はなくなります。なぜならば、予測可能な収益機会があれば、たちまち投資家の裁定取引が入り、そのような収益機会は消えるからです。その後、市場は予測不可能なランダムな値動きを示すことになるでしょう。

明日の株式の価格を、直近の値動きから予測できるでしょうか。ファーマの「効率的市場仮説」によれば、答えは否です。市場に出回る情報はすぐ株価に反映されるため、過去の株価の動きや公表情報から将来の株価を予想することはできないからです。それでは株式分割、配当金変更、企業合併など重要な企業経営上のニュースが発表された後、株価はどのように動くでしょうか。市場は非常に迅速にニュースを株価に織り込んで、また予測不可能なランダムな値動きに戻ってしまいます。

対して、シラーは、短期では予測不可能でも、長期なら予測可能性があるのではないかと考えました。シラーは、実際の資産価格が将来の配当のキャッシュフローで計算される理論値よりもずっと変動が大きく、数年にわたって実績値は理論値を上回った後、次の数年は下回ることを発見しました。つまり資産価格には予測可能な長期パターンが観察されるのです。

2008年、サブプライム住宅ローン危機に端を発したアメリカのバブル崩壊がきっかけとなり、100年に一度の金融危機とも称されたリーマン・ショックが起こり、資産価格の長期変動に関しては、シラーの見方に軍配が上がりました。シラーは、バイアス（判断のゆがみ）のために、投資家が将来の配当を過大評価するのだろうと考えました。その場合も、合理的な投資家が、単純な見方をする投資家につけ込んで、ひともうけできれば裁定が働いて「正しい」株価が実現しますが、実際には利益相反規制などの制約のために裁定にも限界があると考えました。例えば、証券会社のプロが、株価の過大評価に気付いても、その株を素人の顧客に買わせながら、自分たちが売りに回るのは法に反します。

こうした投資家の心理学的な性向を重視した投資理論は、カーネマンたちが構築した行動経済学の一分野として、「行動ファイナンス」と呼ばれ、シラーはその創始者となったのです。シラーは、『アニマルスピリット』という共著の中で、ケインズのアニマルスピリッツの重要性を説いています。そこで、シラーは、「安心」「公平」「腐敗と背信」「貨幣錯覚」「物語」の5つの経済心理学的な要素が、人間の投資行動に影響を与えることを論じました（アカロフ・シラー〔2009〕）。

ケインズの『確率論』が構想されてからちょうど100年。こうしていま再び、ケインズのアイデアの復活が見られるのは、興味深いことです。新しい酒は新しい革袋に入れろということわざがありますが、ケインズの思い描いた不確実性の世界（古い革袋）に、行動経済学の限定合理性のアイデア（新しい酒）を入れてみるのも案外悪くないのではないでしょうか。

第６章

進化と神経の経済学

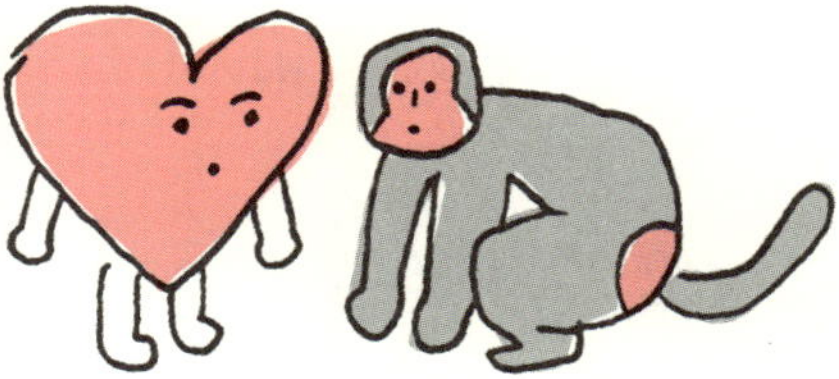

本章のポイント

主流派経済学のモデルは物理学でしたが、これからの経済学のモデルは生物学かもしれません。かつて、進化論を安易に適用した人文社会科学の試みは成功とは言えませんでした。しかし、現代の進化経済学者は、進化論と真剣に向き合っています。進化論を心理学に援用した進化心理学は、なぜ人間が合理的ではないのかを説明してくれます。時間の不可逆性と真の不確実性に囲まれた環境では、現在性効果や確実性効果が進化論的に適応した戦略だったとも考えられます。ココロは、脳と神経の働きだと考えられます。脳の異なる機能の葛藤が、行動経済学のアノマリーと関連しているのかもしれません。今後、ニューロエコノミクスと呼ばれる経済学と神経科学との融合に期待していきましょう。

1 進化論という異端の見方

物理学と生物学はよく対比されます。同じ理科科目でも、物理学というと固い印象を、生物学というと柔らかい印象を持つのが不思議です。ホモエコノミカス概念の確立と軌を一にして、19世紀後半に誕生した近代経済学は、ニュートン物理学（古典力学）を方法論的に模倣したものでした（荒川〔1999〕）。合理的なホモエコノミカスが効用最大化に用いる限界効用という概念は、微分積分を用いた最適化理論の産物なのです。ケンブリッジ大学で、数学科を次席で卒業したという優秀なマーシャルは、ニュートン物理学を完璧にマスターしていたがゆえに、経済学を変えた壮大な限界革命を導くことができたのです。そのマーシャルが、晩年、「経済学者のメッカは、経済力学ではなく、経済生物学にある」と謎めいたことを言いました。

イギリスのケンブリッジが生んだ、ニュートンと並ぶ知の巨人、チャールズ・ダーウィン（1809-82）は、1859年、自身の探検と思索の集大成として、全ての生物種が共通の祖先から長い時間をかけて、自然淘汰と呼ばれる選択プロセスを通じて進化したという思想を、著書『種の起源』の中にまとめました。ダーウィンの時代には、親から子へ伝えられる遺伝子は発見されていませんでしたが、進化論と遺伝学が結合した現代のネオダーウィニズム（総合進化説）が定説として受け入れられています。

ネオダーウィニズムの主要内容

交配して子孫を残すことができる生物の範囲を「種」と呼びます。種の中では、身体でも行動でも、表現的な多様性が存在しますが、それらの特徴は遺伝子の中にある情報の差を反映しています。

この遺伝子が突然変異することで、生物は多様性を獲得します。もちろん、多くの突然変異は生存に有利ではありませんが、変異の中には、食物の獲得、捕食者の回避、配偶者の獲得に有利なものもあり、より沢山の子孫を残すことができます。

このように、進化を通じて、我々のココロと体の中には、我々の先祖が生存するのに有利な特徴が、遺伝的に埋め込まれてきました。

ダーウィンの進化論、なかんずく、適者生存と自然淘汰に基づく発達史観は、生物学だけではなく、人文社会科学にも大きな影響を与えました。しかし、私は、それはかえって進化論の安易な社会への適用に対する不信感を増しただけだと考えます。イギリスの社会哲学者ハーバート・スペンサー（1820－1903）は、進化を自然界のみならず、人間界の社会・文化・宗教・経済を貫く第一原理だと考えました。スペンサーによれば、人間も社会も単純から複雑へ進化していくのです。この考え方は、折しも当時の帝国主義に迎合し、優勝劣敗という強者の論理となりました。

イギリスの人類学者フランシス・ゴールトン（1822－1911）は、民族の劣化を防ぐために、障害者や敵性民族の劣った遺伝子を人為的に排除するべきだという「優生学」を提唱しました。これは、障害者差別・人種差別の正当化に使われ、ナチス・ドイツのユダヤ民族の大量虐殺（ホロコースト）にもつながっていきます。ナチスだけではなく、日本でも、不良な子孫の出生の抑制を目的とした国民優生法・優生保護法が施行されていた時代もあったのです。

同様の進化論的な考え方は、経済学にも適用されました。種の進化が自然淘汰による適者生存によって起きるという進化論と同じような論点から、進化経済学者アーメン・アルキアン（1914－2013）は、生物界の自然淘汰と同様に、経済界でも市場淘汰の圧力が働くので、効用の最大化から外れた非合理的な人間は長期的には市場から退出せざるを得ないと考えました。

しかし、私には、アルキアン流の進化論的市場淘汰が人間の合理性を保証するとは思えません。進化論が想定する時間単位は、数百万年にも及ぶ途方もない間隔です。その間に、環境に適合できなければ、確かにその個体や種は淘汰されて消えてしまうでしょう。しかし、現代の福祉国家では、生活困窮者や社会的弱者にも、最低限の経済生活の保障を与えているので、経済的失敗＝市場からの撤退とは言えなくなっているのです。

私は進化論の経済学への安易な適用に反対です。しかし、過去の反省に基づき、進化論のうさんくさいイデオロギーとは決別し、進化論の学問的なエッセンスを見直そうとする経済学派もあります。現代の進化経済学者は、人間の能力は限られており（能力の限定合理性）、時間をさかのぼって取り消すことができないこと（時間の不可逆性）を、経済社会の基本属性として考えます。

能力の限定合理性と時間の不可逆性のもとで、人間は何を頼りに行動すれば良いのでしょうか。自然現象や制度習慣の中には、安定的に回帰・循環するパターンが観察されます。日は昇りまた沈む。四季を繰り返しながら一年が過ぎゆく。それに合わせて、人間も、自分の行動を環境のパターンに合わせるというのが、進化経済学の考えです。そこから、人々の相互作用の結果、優れた行動パターンが模倣されていき、行動ルールの束（制度）が形成されるというのです。もちろん、この制度の生成・消滅が社会の進化というわけです（江頭ほか〔2010〕）。

この現代の進化経済学者による社会理解は、ココロの経済学の世界観とも、多くを共有する正しい見方だと思います。過去に、安易で不幸な進化論の経済学的迎合がありましたが、進化論の視軸は、人間や社会システムを理解する上で重要であり、ココロの経済学もよそよそしいままではいられません。

2 進化論からココロを考える

ダーウィンの著書『種の起源』をひもとくと、「心理学は、個々の心的な力や能力が必然の結果としてしだいに獲得されてきたのだという、新しい考え方の上に築かれるに違いない」という一節があることを発見します。そして、進化心理学者は、人間のココロが、自然淘汰の結果として、遺伝的に基礎づけられてきたと考えます。

進化心理学的に見ると、感情は生得的で、遺伝的に決定されていると考えます。例えば、人間は生まれつき、あるものに対して、恐怖を感じます。恐怖の対象は、ヘビだったり、暗闇だったり、高所だったり、閉所だったり、見知らぬ人の視線だったり。人間が恐怖を感じるとき、生理学的に見れば、ノルアドレナリンが放出されることによって、以下のような進化した生理反応を引き起こします（カートライト〔2005〕）。

恐怖の適応的起源

ノルアドレナリンが体内に分泌されると、進化した生理反応を引き起こします。第一に、傷を負って出血したときに、血液の凝固を早めます。

第二に、心臓を刺激して、血流を早め、逃走する場合も、闘争する場合も、大量のエネルギーを使えるようにします。このように、恐怖は、危険を減らしたり、生存に有利なシグナルとして機能します。

それにしても、不思議なのが、現代文明の電気コンセント恐怖症・自動車恐怖症が遺伝的に見られず、古代の生活の名残りを伝える恐怖症ばかりが遺伝的に埋め込まれていることです。これに対しては、我々の旧石器時代の遺伝子が、あまりに急激な生活様式の変化に追いついていけないために、精神障害を含む進化的適応障害を起こしているのだという「**楽園追放仮説**」が唱えられています。

行動経済学で観察されるアノマリーも、こうした進化心理学の見地から説明することができます。我々の日常生活においては、感情が合理性よりも先立ちます。ポルトガルのリスボン生まれで、アメリカの南カリフォルニア大学の神経科学者であるアントニオ・R・ダマシオ（1944-）は、著書『感じる脳——情動と感情の脳科学　よみがえるスピノザ』の中で、意思決定に際して身体感覚が重要な役割を果たすという「ソマティック・マーカー仮説」を展開しました。恐怖は人間の基本的感情ですが、それらは危険を減らしたり、生存に有利に働いたりするように、人間の行動を方向付けるのだと言います（ダマシオ〔2005〕）。

ソマティック・マーカー仮説

ソマティック・マーカーという情動から生み出された感情が、自動化されたアラームとして機能し、多数の行動オプションのうち不都合な選択肢をふるい落とし、効率的に少数の選択肢を与えてくれます。

例えば、怖いものを見ると身体変化（情動）が生じ、その後に怖さの感情が生じます。そして、怖さという感情によって行動が効率的に絞り込まれます。我々はとってしまった行動に対して、後からもっともらしい理屈付けをこしらえるのです。

ソマティック・マーカー仮説で重要な機能を果たしているのが、次頁の図で黒く塗られた前頭葉腹内側部です。この部位はさまざまな感覚情報を受け取る部位であるとともに、扁桃核を中心とした大脳辺縁系と結びつき、外的刺激と情動を結びつけています。この部位に損傷を受けると、リスクに対するアラームがオンにならず、リスクについて鈍感にな

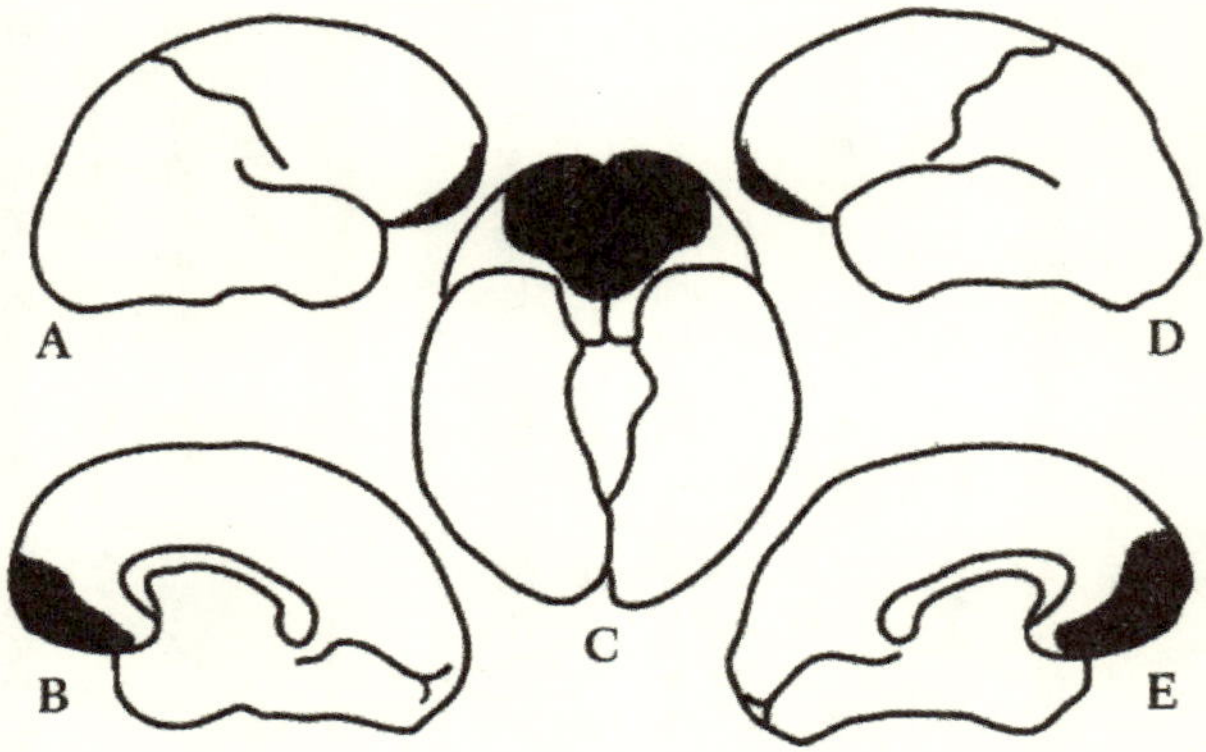

注）黒く塗りつぶした部分が前頭葉腹内側部。Aは脳を右の側面から，Dは左の側面から見たもの。Cは脳を真下から見たもの（上方向が前）。B，Eは左右の脳を中心で２つに割ったそれぞれ右側（B）と左側（E）。
出所）財団法人東京都医学研究機構HP（http://www.tmin.ac.jp/medical/09/frontal3.html）

ソマティック・マーカー仮説

ってしまうことが知られています。

それでは、なぜ生身の人間は、主流派経済学が想定するような合理的存在（ホモエコノミカス）ではないのかについて、進化心理学的に考えてみましょう。人間の意思決定を制約する自然環境を考えてみると、いちばん大きな環境条件は時間の不可逆性です。時間の不可逆性があるということは、人生の重大な出来事にやり直しや繰り返しが効かないということです。医療や科学技術が未発達な原始時代や旧石器時代に、重病にかかったり、大怪我をしたり、猛獣に襲われたら、どうなったでしょうか。そのまま致命傷になり、命を落としたり、一命を取り戻せても、今まで通りの生活は送れなくなったことでしょう。

そのような、重大事故が一生を決めるような状況では、「現在」という瞬間を非常に大事にして、何が起きるか分からない未来に取り戻せるかもしれないという甘い期待を持たなくなることでしょう。そこに、「現在性効果」の起源を見出します。つまり、現在の効用に特別の価値を認め、未来の効用は割り引いて考えるのです。そのような近視眼的な選好を持った人間は、ともすれば、生きているうちが花であるという享楽主義的な生活を送っていたことでしょうが、明日の我が身が分からない生活の裏返しだったのかも知れません。

しかし、現代の文明時代は違います。大きな病気になっても、大きな怪我を負っても、医療や科学技術の進歩で社会復帰できることが容易になってきました。時間は不可逆でも、再挑戦の機会が与えられるようになったのです。そうすると、現在性効果は、文明人に対して、現在と未来の間の時間非整合性という問題を突きつけます。現代に生きる我々は目の前の小さな楽しみを捨てて、未来の大きな楽しみに備えなければならないのです。現代人は、分かっていてもなかなか行動を改められないという身を切る辛さに苦しめられるようになったのです。

同じことはリスクにも言えるでしょう。時間の不可逆性のために、重大な出来事は、人生で一度限り。一度負った傷が癒やされることはありません。そのような時、人間はリスクを嫌う損失回避効果を持ち、100％を重視するという確実性効果を持つのは、きわめて自然なことです。太古の昔に生きた人間は、一度限りという真の不確実性に囲まれて生きていました。しかし、繰り返しになりますが、現代の科学技術は再挑戦の機会を拡大してくれています。過度に損失を嫌ったり、確実性を重視したりする保守的な人間のままだと、新しいことに果敢に挑戦しようという気概が生まれてきません。その結果、急激な環境変化に対応できなかったり、社会的活力が低下していくことになります。

多くの大科学者・発明家・芸術家の多くが、多かれ少なかれ、自閉症障害やアスペルガー症候群など、発達障害的特徴を持っていたと推察されます。科学者のニュートン、アインシュタイン、事業家のスティーブ・ジョブズ、ビル・ゲイツ、作曲家のモーツアルト、ベートーベンなど、枚挙に暇がありません（数学者にいたっては、変人以外を探す方が困難です）。これは決して偶然ではないと思います。現在性効果や確実性効果でがんじがらめになった人間や社会の閉塞的状況の中で、あえて空気を読まず、因習や伝統から自由なチャレンジャーが存在してこそ、文化文明を一歩前へ推し進めてくれるのです。これもまた、人類の遺伝子に埋め込まれた進化論的適応戦略の一つなのかもしれません（星野〔2012〕）。

さあ、ココロの経済学の大切なツボに来ています。ホモエコノミカスを想定する主流派経済学は、人間を冷徹無比な合理的存在だと仮定しました。しかし、生身の人間は異なります。感情に揺らぎ、その感情がゆえに、現在性効果や確実性効果に陥り、合理性から逸脱してしまう存在なのです。しかし、科学技術が未発達で、やり直しがききにくい古代においては、そうした感情のスイッチはむしろ生存確率を高めてくれる進化適応的な戦略だったと推察されます。科学技術の発達が、人間を取り巻く制約を次第に取り除いてきました。しかし、我々の遺伝子はまだ短時間では急激に変わりません。こうした環境への適応障害が、我々文明人が直面する生き辛さの正体ではないでしょうか。だからこそ、自分のココロの弱さを認識し、心のクセと折り合いを付けながら、生きていく。ココロの経済学は、そうした弱い人間のココロに寄り添う実践的な学問なのです。

BOX

研究紹介⑥　幸福度研究の可能性

人間が感じる幸福が、一部、経済学の話題になっています。経済学の中心概念は、消費の満足を表す効用であって、幸福そのものが話題になることはありませんでした。幸福が取りざたされる社会的背景には、長引く不況の中で経済格差が社会問題となり、経済的富と幸福の直接的関係に対する興味関心が高まったからでしょう。幸福調査で観察される定型的事実があります。一国のなかでは所得と幸福の間で相関関係が見られますが、異なる国の間の比較では所得と幸福の間に相関関係がみられません。これを発見者の名をとって、「イースタリン・パラドックス」と呼びます（フライ〔2012〕）。

幸福の調査は簡単です。個々人が感じる幸福の度合いを1から100までの数字で答えてもらいます。このような調査方法に違和感を持つ人もいます。経済学の効用理論の基本的考え方をおさらいすると、人間が合理的ならば、その価値観は行動に集約されるから、行動を観察すれば十分というものです。そのように考えると、幸福の経済学には問題があります。行動経済学が明らかにしたように、人間の合理性には限界があり、行動を観察するだけで人間の価値観を計り知ることができません。また、人間の行動にはバイアスがあるので、質問への回答を額面通り受け止めてはいけません。

しかし、使い方次第では、幸福の経済学は有用な面もあります。イースタリン・パラドックスを考えてみると、2つの説明が可能です。第一に、人間が気にするのは自分の絶対所得ではなく、他人との相対所得である。第二に、所得が上がれば、一時的に幸福度は増すが、すぐに慣れて幸福は元に戻る。そのように考えると、パラドックスをうまく説明できます。幸福調査で得られたデータをつぶさに検討することで、主流派経済学が軽視してきた人間認知への深い洞察が得られ、さらなる研究の萌芽《ほうが》が見つかるかもしれません。

3　ニューロエコノミクスの挑戦

ココロは、脳と神経の働きだと考えられます。しかし、まだ、脳の中身は分からないことばかりです。

アメリカ生まれのカナダの脳科学者ワイルダー・グレイヴス・ペンフィールド（1891－1976）は、てんかんの治療のために開頭手術を行い、脳の側頭葉を電気で刺激すると、音楽が聞こえたり、記憶が蘇ったりすることを発見しました。今でいう脳機能地図を見つけたのです。しかし、ペンフィールドは、後年、ココロを単純に脳の機能に還元する立場から離れていきました。

脳機能と人格の関連を示唆する有名な事例は、フィネアス・ゲージと呼ばれる人物にまつわるものです。1848年9月13日、鉄道建設作業の現場監督だったフィネアス・ゲージは、25歳の時、アメリカのバーモント州の小さな町で工事現場の仕事をしていましたが、誤爆のために、長さ109cm、太さ3cm、重さ6kgの鉄棒が前頭葉を貫通するという大きな事故を負いました。それにしても、よく死ななかったものですね。

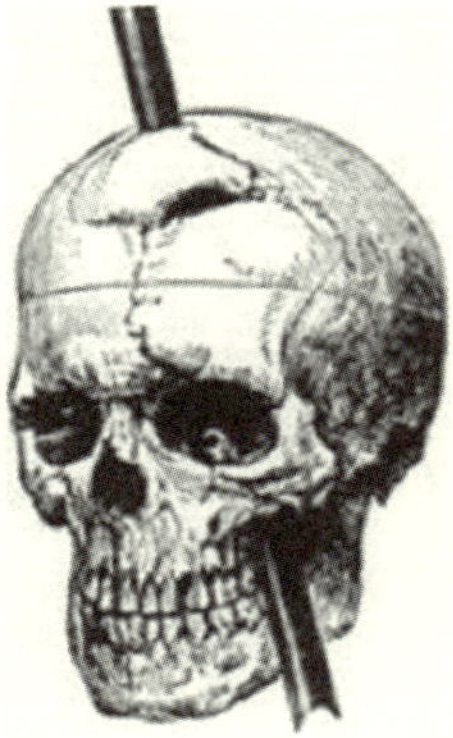

出所） https://en.wikipedia.org/wiki/Phineas_Gage

フィネアス・ゲージの頭蓋骨

しかし、事故後、ゲージの性格は一変しました。以前は、有能な現場監督であり、皆から信頼されていたのに、事故後はきまぐれで移り気でいい加減な人間になってしまったのです。周りの人間は、彼のことを「以前のゲージではない」と噂しました。脳に傷を負うことで、人間が変わったのです。似たような事例は、多数報告されています。やはり、ココロと脳には、何かしらの関係があるというのも事実なのです。

アメリカの脳科学者ポール・マクリーン（1913-2007）は、こうした理解を助ける脳のモデルを提案しました。マクリーンによれば、人間の脳は爬虫類脳から旧哺乳類脳、さらには新哺乳類の順番で、脳の機能を高度に発達させてきたのだと言います。

マクリーンの脳の3層構造仮説

爬虫類の脳（中心部）：基本的欲求や反復的で儀式的な行動を受け持つ部位。生得的な
　傾向、学習や記憶にも関与しています。
古い哺乳類の脳（大脳辺縁系）：闘争、採食、防衛、社会性、感情一般に関わる部位。
新しい哺乳類の脳（大脳新皮質）：目、耳、体表からの情報を受け取ったり、高次の心的
　機能を受け持ったりしています。

灰白質と呼ばれる大脳新皮質は、霊長類、とくに人類で最も発達しました。人間の脳内では、爬虫類の脳（中心部）や古い哺乳類の脳（大脳辺縁系）の外側に、新しい哺乳類の脳が覆い被さっているのです。合理的な判断が大脳新皮質の機能に根ざす一方で、感情的な判断が大脳辺縁系の機能に根ざすと考えることは、単純化しすぎた見方かもしれませんが、脳内一元論よりも説得力のある考え方かもしれません。

行動経済学では、アノマリーを単なる間違いだとは考えず、生理学的に根拠のある現象だと考えています。脳科学者は、ｆ－ＭＲＩ（機能的核磁気共鳴画像）など、ニューロイメージング装置を用いて、脳機能の地図化を行っています。ｆ－ＭＲＩは、１９９０年、ベル研究所の研究者・小川誠二らによって発明されました。脳は臓器の中で最も多くの酸

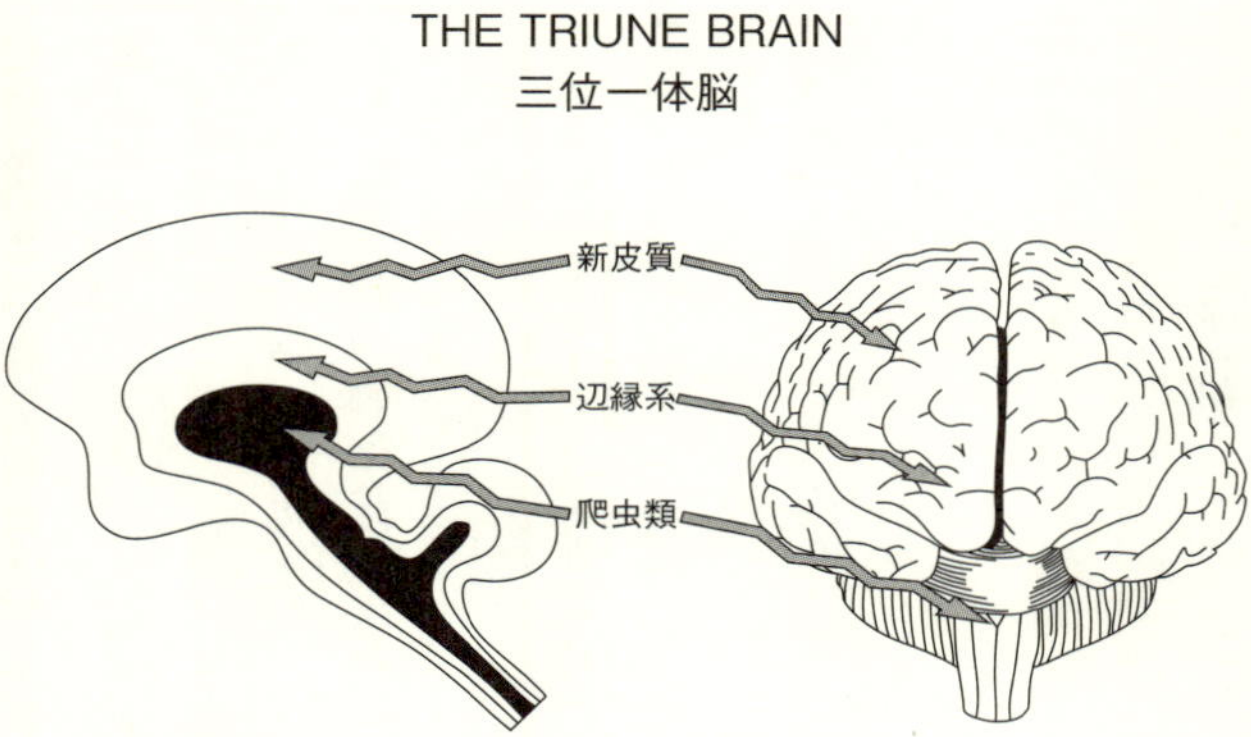

出所）一般社団法人能力開発機構HP（http://www.kainou.net/脳のしくみ/ポール－マクリーンと三位一体脳）

マクリーンの脳の3層構造仮説

素を消費するので、脳の活動が活発になると、酸素と結合したヘモグロビンの供給が増えます。酸素と結合したヘモグロビンと、組織に酸素が取り込まれた後のヘモグロビンは磁性が違うため、その磁性の違いを信号として検知し、画像として再構成したのがｆ－ＭＲＩというわけです。こうした新しい装置を用いて、経済学と脳科学を融合する新しい学問分野を、「ニューロエコノミクス」と呼びます。

　例えば、一人の人間でも、慎重な行動と衝動的な行動が共存することが観察され、「個人内葛藤」と呼ばれています。人間の脳は、長い進化論的な自然淘汰を経て、発達してきたわけであり、脳の異なる部位では、異なる機能が働くことがあるのです（依田ほか〔2009〕）。

ニューロエコノミクスによれば、現在の小さい効用と未来の大きい効用の間の時間上の選択は、次のように説明されます。時間選好に際して、2つのシステムが別々に働いており、忍耐強さ（時間選好率が低い選好）と近視眼（時間選好率が高い選好）が葛藤しています。目先の利得を選択するとき、大脳の深部にある大脳基底核、特に側坐《そくざ》核《かく》という部位が強く活動しているために、側坐核に密接に関連する報酬系のニューロンが関わっていると考えられます。報酬系ニューロンの伝達物質はドーパミンと呼ばれ、欲求が満たされるとき、満足感を与えるのです。

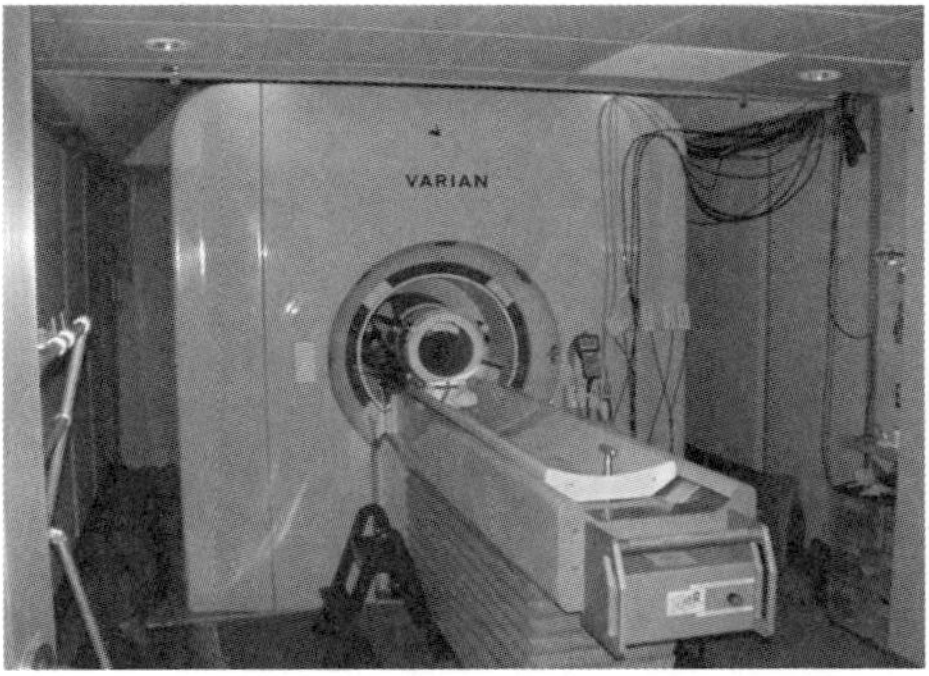

出所）https://ja.wikipedia.org/wiki/FMRI

f-MRI スキャナー

　リスクに関しては、利得を評価する際に、やはり、側坐核の活動が強まることが確認されています。さらに、損失の回避について、恐怖に関わる扁桃体が大きな役割を果たしていることも報告されています。ダマシオは、利得と損失の双方について研究を行い、扁桃体の活動は、利得面では確実なときに、損失面ではリスクのあるときに活発化することを報告しています。

ニューロエコノミクスの研究が本格的に始まってから10年程度に過ぎず、まだ確定的なことは分かっていません。特定の脳部位の活動から、ある特定の感情を推測するのは時期尚早だという慎重な意見もあります。多くの研究では、扁桃体の活性化は、不安感情と関連づけられて解釈されますが、扁桃体が活性化されるのは、不安時だけではなく、さまざまな感情とも関連しています。脳の部位と感情の特異的な関係は見た目ほど単純ではないのです。

さらに言えば、f-MRIは、神経活動の代理として、局所の血流を見ていますが、ニューロン同士を結ぶシナプスには、興奮性と抑制性が混在しています。興奮性シナプスは、隣のニューロンの電気活動を活性化しますが、抑制性シナプスが働くと、標的となる電気活動は抑制されます。この2種類のシナプスによって、複雑な神経活動が調整されるわけですが、興奮性シナプスと抑制性シナプスのバランスが釣り合っていても、血流は入力担当のシナプスの活動によって増加することがあります。f-MRIが一体どんな神経活動を見ているのか、まだ分からないことが残されています。

最後に、脳と意識の構造を研究して何の役に立つのでしょうか。ニューロエコノミクスは、経済学の方法として有効なのでしょうか。懐疑主義者は、そのように問いかけます。

それに対して、ダマシオは3つの理由をあげて、反論しています。第一に、好奇心。宇宙の謎の解明が人類の知的好奇心を満たすならば、人の脳の解明も好奇心の対象となるべきだと述べています。第二に、社会と文化の理解の促進。人間の脳とココロへ理解が進まなければ、社会と文化がどうなっているのかについての研究が進みません。第三に、医療。人類の脅威である脳の病気、例えば、精神障害、アルツハイマー病、薬物中毒の解明が必要です。これらの病気の病理が分からなければ、効果的な治療は望めません。

ニューロエコノミクスの実験では、刺激や利得など外部から操作できる変数と、神経学的なデータの相関を研究してきました。近年、あらかじめ行動モデルを数理的に立てておき、実験で得られた行動データをうまく説明できる内的な変数を推定し、その内的変数と神経活動の関連を調べるという研究が行われています。こうした方法は、効用関数のモデルを立て、行動をうまく説明できる内的な変数を推定する経済学と同じ発想なのです。

その一方で、神経科学の発展の結果、伝統的経済学のホモエコノミカスの仮定が、実は生理学的根拠を欠く空想として否定される可能性もあります。例えば、経済学では、ココロの中はブラックボックスと仮定し、脳の中身については何も語ってくれません。20世紀は物理学の時代、21世紀は脳科学の時代だと言われます。ニューロエコノミクスが、経済学の得がたい友人となるのか、それとも経済学を忘却の淵に追いやるライバルになるのか。

それが分かるまでには、まだまだ時間がかかりそうです。

第７章

行動変容とナッジの経済学

本章のポイント

人間は誰しも、ココロのクセを持っています。そして、そのクセが複合的に絡み合い、現状維持バイアスを生みます。分かっていても、重い腰を上げられないのが人間です。例えば、自分で手を上げて参加するオプトイン方式では、参加率が高まりません。嫌な人だけが抜けるオプトアウト方式なら、参加率は高まります。こうした選択のデフォルトを上手に設定して、より良い方向に行動変容させていくのが、セイラーたちの提唱するナッジです。ナッジは人間の自発的な意思決定を重視するものの、外側からココロのクセを利用するので、リバタリアン・パターナリズムと呼ばれます。ココロの経済学は、ミクロ・マクロ・計量という主流派経済学の三本柱と合わせて、新しい経済学の礎となるものです。私はそれをエビデンス経済学と呼び、行動経済学・実験経済学・ビッグデータ経済学を新しい三本の柱として提唱します。今、経済学は変貌の真っ最中。経済学の未来が楽しみです。

1　ココロは変わらない？

今までの章で述べてきた通り、米国の万能学者サイモンは、人間には認知能力と情報処理能力の双方に限界があることを限定合理性と名付けました。限定合理性のもとでは、人間は与えられた条件の中で最適性を求めるわけではありません。選択肢の探索と評価に時間をかけなければならないため、最適ではなくても満足できる選択肢の発見に努めるのです。サイモンはこれをヒューリスティクスと呼びました。

サイモンの考えを継承し、行動経済学と呼ばれる分野を作り上げたのがイスラエル出身で米国で活躍したトヴァスキーとカーネマンです。現実の意思決定と最適な意思決定との間には乖離が生じますが、そこにはバイアスと呼ばれる法則的な偏りが存在します。

ここでは、特に有名な二つのバイアスをあげておきましょう。第一に、現在性バイアス。人間は遠い将来よりも近い将来の利得を優先させますが、今すぐ手に入る利得を非常に重視します。そのために、やめた方が良いと分かっていても、つい目の前の誘惑に負けて悪習を絶つことができません。

第二は確実性バイアス。人間にはリスクを回避する傾向がありますが、100％確実な場合と1％でもリスクがある場合とでは、通常のリスク回避だけでは説明がつかないほど認知に隔たりがあります。その結果、わずかなリスクを嫌い、チャンスを見逃すことになりかねません。

これらの現在性バイアスと確実性バイアスの結果として、変化を過剰に嫌う「現状維持バイアス」が出てきます。人間は、今という瞬間に特別性を感じ、変化から生じるリスクを嫌うからです。その他にも、選択肢を変えること自体の物理的・精神的惰性であるスイッチング・コストや新しい選択肢に乗り換えて損失することを嫌う損失回避性も関連しているでしょう。

現状維持バイアス

個人あるいは社会にとって、望ましい選択肢があるにもかかわらず、現状に固執し、より良い行動変容を進んでは求めないこと。長期的な視点から、ダイエットや早起きのような、望ましい生活習慣を身に付けるべきなのに、現状維持バイアスのために、人間は容易に行動を変えることができないのです。

現状維持バイアスを、いくつか実例を挙げて紹介しましょう。第一に取り上げる事例は、臓器移植の同意問題です。臓器移植は、病気や事故によって臓器が機能しなくなった場合に、他人の健康な臓器を移植して、機能を回復させる医療です。臓器移植には、健康な家族から臓器提供を受ける生体移植と死亡した者から臓器提供を受ける移植があります。生体移植では、臓器提供者の心理的負担、後遺症の問題が指摘される一方で、死亡した者からの臓器移植では、提供数が非常に限られている問題点があります。

臓器移植においては、死亡した者が臓器移植の賛成意思を生前に表示している場合、その臓器を摘出できる「オプトイン方式」と、死亡した者が臓器移植の反対意思を生前に表示しない場合、その臓器を摘出できる「オプトアウト方式」があります。人間が合理的ならば、臓器移植に賛同する場合、オプトイン方式で賛成意思を表明しても、オプトアウト方式で反対意思を表明しなくても、実質的には同じ内容を意味するはずです。しかし、実際には、選択肢の初期値であるデフォルトをオプトイン方式（デフォルトは賛成しない）にするか、オプトアウト方式（デフォルトは賛成する）にするかで、臓器提供意思表示率で大きな差が出ることが知られています。

例えば、ヨーロッパ諸国を例に挙げてみると、次頁の図のように、オプトイン方式を採用しているデンマーク・ドイツ・イギリス・オランダの同意率は4〜28％と低水準に留まっています。他方で、オプトアウト方式を採用しているスウェーデン・ベルギー・ポーラ

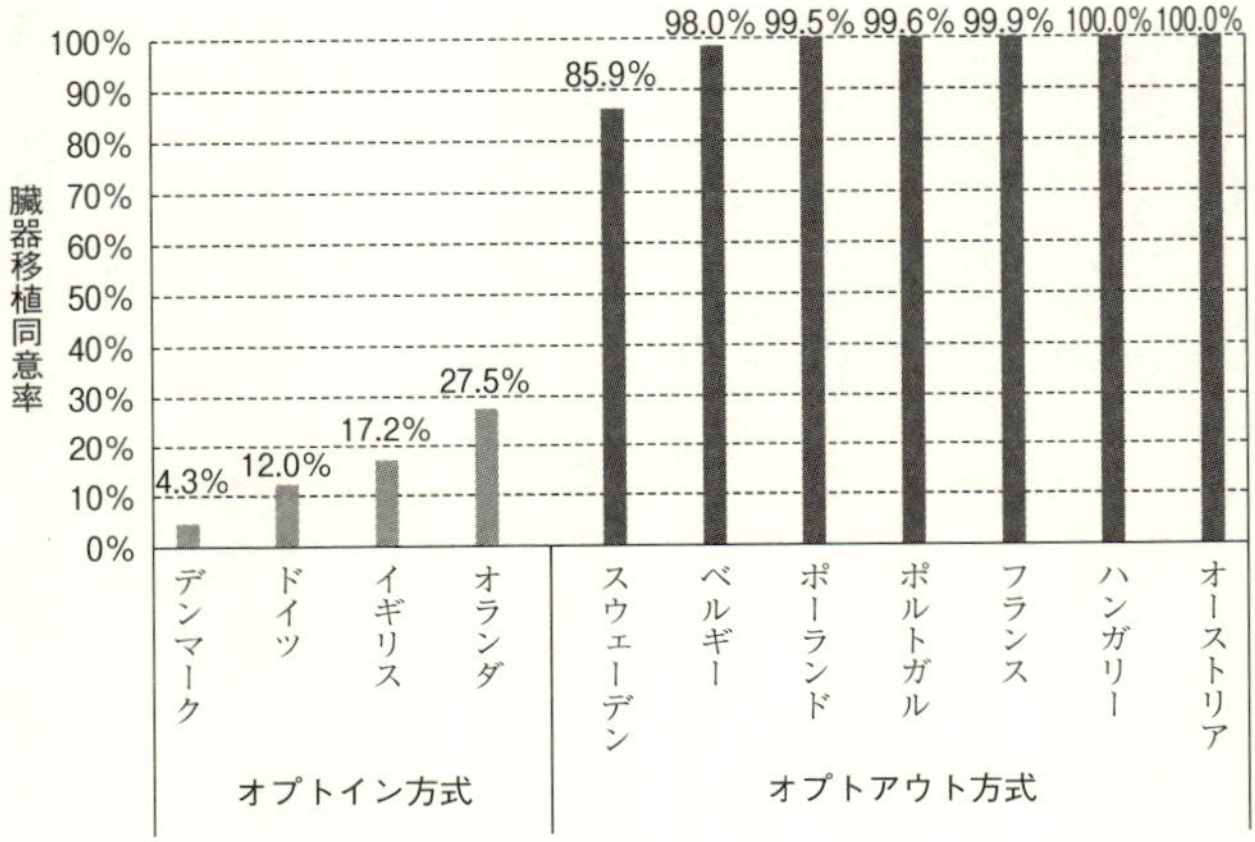

出所）Johnson and Goldstein（2003）

臓器移植に見るオプトインとオプトアウトの意思表示率の差

ンド・ポルトガル・フランス・ハンガリー・オーストリアの同意率は86～100％と高水準に昇っています。この驚くべき差は何でしょうか（Johnson and Goldstein〔2003〕）。

別の例を、アメリカの退職年金制度から引いてみましょう。アメリカの確定拠出型個人年金のひとつに401（k）と呼ばれる制度があります。401（k）は、税制上の特典が受けられること、企業間でも持ち運びが容易なこと、一部の企業では、従業員が賃金から拠出した資金の一定割合を給付するマッチングが実施されることなど、従業員側にメリットが多い制度です。にもかかわらず、制度の導入後、その利用率が増えないことが問題となっています。

ここでも、オプトイン方式とオプトアウト方式で大きな加入率の差が見られます。まず、給料から天引きされる拠出率ゼロをデフォルトとした場合、そのまま、拠出率ゼロを選んだ者は約70％に達しました（401（k）にオプトインして、正の拠出率を選んだ者は約30％）。次に、拠出率3％をデフォルトとした場合（オプトアウト方式）、正の拠出率を設定した者は90％に達しました（401（k）からオプトアウトして、拠出率ゼロを選んだ者は約10％）。

最後の例ですが、アメリカのカリフォルニア州で行われた節電向け変動型電気料金（ダイナミック・プライシングとも言われます）のフィールド実験を紹介しましょう。カリフォルニア州で起きた2000年から2001年の電力危機、ニューヨーク市で起きた2006年の大停電などを受けて、アメリカでは変動型電気料金に対する注目が集まっています。変動型電気料金は、通常時1kWhあたり20円程度の電気料金を、電気の足りない夏の昼間に1kWhあたり100円程度の高水準に設定する代わりに、電気の足りている夏の夜間に1kWhあたり10円程度の低水準に設定するものです。

過去に100を超える変動型電気料金のフィールド実験が行われましたが、それらのほとんどは、後ほど詳しく説明しますが、実験参加者をランダムに介入を受けるグループと介入を受けないグループに分けて比較する無作為比較対照法に基づくフィールド実験ではありませんでした。そのために、実証実験の結果が信頼できず、多額の予算が無駄になった反省から、近年では、アメリカを中心に多くの研究者が、家庭の電力消費に関して、無作為比較対照法に則ったフィールド実験を行うようになりました。

変動電気料金の加入率は、オプトイン方式では20%に留まるのに対して、オプトアウト方式では約90%に昇るなど、大きな差がありました。ここで、興味深いのは、通常時の電気消費量と比較して、変動型電気料金の節電効果はオプトイン方式では25%、オプトアウト方式では14%でした。オプトイン方式で変動型電気料金に参加した実験協力世帯の節電効果の方が大きいのは、節電に興味を持ち、社会に貢献しようという内的動機の高い世帯が自発的にフィールド実験に加入するからです。オプトイン方式では、加入率が低い一方で、参加者の動機が高いというトレードオフがあります。他方で、オプトアウト方式では、加入率が高い一方で、参加者の動機が低いというトレードオフがあります。

BOX 研究紹介⑦ オプトイン方式の改善案

オプトイン方式とオプトアウト方式を比較すると、オプトアウト方式の方が加入率の面で優れています。しかし、実際に、消費者の意向を無視して、選択肢のデフォルトを勝手にオプトイン方式から、オプトアウト方式に変更することは許されません。そこで、私と共同研究者は、2014年夏、経済産業省プロジェクトの一環で、横浜市の一般家庭に、変動型電気料金を1kWhあたり25円から100円まで時間帯別に変動させるオプトイン方式を用意しました。変動型電気料金と標準型電気料金は、全体では五分五分となるように収支バランスを取ってあったので、50％の参加者は変動型電気料金の方がお得なはずでした（Ito, Ida and Tanaka〔2016〕）。

結果を見てみると、変動型電気料金の加入率は、アメリカの経験同様、16％に留まりました。やはり、現状維持バイアスは大きいのです。しかし、変動型電気料金に加入した世帯の節電意欲は高く、節電効果は32％もありました。全体の政策効果は、加入率×節電効果ですので、16％×32％＝5％として求められます。

オプトイン方式の変動型電気料金の問題点は、時間帯別の電気消費量が見える化できるスマートメーターがまだ広く普及していないために、自分が変動型電気料金に移行したらどれくらい得なのか損なのか、判然としないことです。そこで、我々は1年前の電気消費量データを用いて、実験参加世帯にどれだけの経済的メリットがあるのかを個別に計算して、情報提供しました。その結果、加入率は本来お得な50％には届きませんでしたが、約2倍の31％まで増えました。しかし、一部、節電意欲の低い世帯まで加入しましたので、節電効果は16％まで減りました。全体の政策効果は、加入率×節電効果ですので、31％×16％＝5％として求められます。

つまり、情報提供してもしなくても、全体の政策効果は一定だったのです。

そこで、情報提供するのみならず、キャッシュ・インセンティブとして、6000円を付けることにしました。6000円のキャッシュ・インセンティブが付くことによって、ほぼ全世帯が変動型電気料金に加入すればお得になります。この改善案の効果はかなり大きなものでした。加入率は、当初のオプトイン方式の約3倍である48％まで増えました。万遍なく多様な加入者が加入したからだと推察されますが、19％の節電効果が維持されました。全体の政策効果は、加入率×節電効果ですので、48％×19％＝9％となり、十分に大きな政策効果の増加が確認されたのです。

2　ナッジでココロを変える

人間には、現状維持バイアスという強いココロのクセがあります。このココロのクセをわきまえながら、より良い行動への変容を導くにはどうしたらよいでしょうか。人間の行動をつかさどる2つの考え方があります。ひとつは、個人の選択の自由を重視するリバタリアン（自由主義）という立場、もうひとつは、為政者が個人の選択の自由を制限してもよいとするパターナリズム（温情主義）の立場です。

選択の自由を重視する経済学者の多くは、過剰な干渉にもつながりかねないパターナリズムに疑問を呈してきました。その根底にあるのが、合理的で利己的というホモエコノミカスという人間観です。ホモエコノミカスに任せておけば、自分の効用を最大化するからです。しかしながら、近年、行動経済学の分野で、限定合理性という見方が支持を集め、選択の自由を尊重しながら、選択のデフォルトに介入することも時には許されるという「リバタリアン・パターナリズム」が注目されています。

リバタリアン・パターナリズム

シカゴ大学の行動経済学者リチャード・セイラーとハーバード大学の法学者のキャス・サンスティーンが提唱した、行動経済学的な政策提案（セイラー・サンスティーン〔2009〕）。

選択する人が、自分にとってより良い結果となる選択を、選択者自身の判断に基づいて行うように、選択に影響を与えることとして定義されます。

行動経済学では、人々の合理性は限定的であり、どの選択肢を選ぶかは、選択肢の与えられ方によって左右されます。これを「フレーミング効果」と呼びます。例えば、確率50%で賞金がもらえると説明されるか、同じ確率で何ももらえないと説明されるかによって、内容は同じであるにもかかわらず、人々の選択が変わってくるのです。選択が選択肢の与えられ方に依存する以上、為政者は人間の選択の自由を認めつつも、彼らが後悔しない選択肢を選ぶように選択肢の与え方を工夫すべきであるというのが、セイラーたちの言う「ナッジ（気付き）」です。

ナッジとして、よく用いられる例を紹介しましょう。オランダのアムステルダムの国際空港では、男子トイレの小便器の排水溝付近に、ハエの絵が描かれています。そうすると、男性たちはハエの絵を狙って、用を足すので、飛び散りが80%減ったと言います。このハエの絵は、人間の注意を引きつけて、良い方向に行動を変容させるナッジだと言えましょう。前節で紹介したように、オプトアウト方式で加入率を高めるのも、有力なナッジのひとつです。

ナッジを実際の行動変容に活用しようとする国もあります。2008年7月、イギリスの野党第一党である保守党のデーヴィッド・キャメロンとその協力者は、行動経済学を経済政策に活用することに興味を持って、セイラーに協力を求めたのです。2010年5月の総選挙で保守党が勝つと、キャメロンは首相となり、イギリスの内閣府の下に、「行動洞察チーム」（通称ナッジ・チーム）を組織しました。

例えば、税金滞納者に税金を支払うように督促するために、「イギリスの納税者のほとんど（90％以上）が税金を期限内に支払っている」「あなたはまだ納税していない少数派の一人です」というメッセージを手紙で添えるというフィールド実験を行ったところ、税金の納付率が5％以上も高まったと言います。ナッジを使えば、やり方次第では、大したコストをかけずに、大きな効果が期待できるのです。

時を同じくして、サンスティーンは、アメリカの首都ワシントンDCで、ホワイトハウス社会・行動科学チームという小さなユニットを立ち上げ、ナッジを使った社会問題解決に取り組みました。2014年現在、136カ国が公共政策に何らかの形で、行動科学的知見を活用していると言います。この点、日本では、まだ顕著な試みは見られず、今後の導入が期待されます。

しかし、リバタリアン・パターナリズムにも問題点があります。人々の合理性を信頼しない立場が、なぜ為政者に対しては合理性を仮定できるのでしょうか。政治家や官僚は、業界の圧力団体のロビー活動の影響を受けやすいので、為政者といえども、社会的利益から離れた非合理的な政策をとりがちです。誰も通らない道路、必要以上に立派な市民ホール。一体誰が誰のために、作ったのでしょうか。政府当局の限定合理性と言えるでしょう。

失敗する政策に対する安全装置を用意しておく必要があるのです。市民も為政者も合理性に限界があるがゆえに、お互いが選択の自由へ過度に干渉し過ぎない抑止力を持つような仕組みが求められます。

選択の合理性を基礎に置き、合理的な存在として人間をとらえてきた経済学の限界を直視しましょう。行動経済学は、人間の合理性を限定的と考え、感情に左右される生身の人間をありのまま直視します。ココロのクセをわきまえて、無理のない計画、無理のない政策を立案していかなければいけません。

間違いも犯すけれど、ココロの持ち方ひとつで生まれ変わるのも人間。正しい情報を提供し、当人にとって望ましい選択が何かをさりげなく伝えるナッジの役割がますます重要になるでしょう。長い目で見て、決して無理をせず、望ましい生活習慣を確立してもらうためにはどうすればよいのか――。それを考えることが、人間本位の行動経済学者の本領発揮の場なのです。もちろん、行動経済学者も人間ですから、自分たちも沢山学ばなければなりません。完全な人間はいないのです。

自らをぐうたら者という行動経済学のパイオニア。しかし、経済学者のセイラーがいなければ、カーネマンとトヴァスキーの経済心理学は心理学のままで、行動経済学の誕生はなかったかもしれません。セイラーが伝統的な経済学に大きな疑問を持ったのは、彼がアメリカのロチェスター大学の大学院生の頃だったと言います。その当時、セイラーは「命の価値」を博士論文のテーマに選びました。顔の見える難病の女の子を救うためには、多くの寄附金が殺到するのに、田舎の老朽化した病院に小切手を送ろうとする人は多くありません。これは、顔の見える命と統計上の命の違いのためです。こうして、セイラーは経済理論の予想する行動と生身の人間の行動の違いに興味を持つようになりました。

そして、セイラーはカーネマンとトヴァスキーの1974年の論文を読み、たちまちに魅了されたのです。1977年、セイラーは、カーネマンとトヴァスキーが滞在していたスタンフォード大学まで「追っかけ」をしました。何とか、スタンフォードに滞在する道を見つけたセイラーは、二人に出会うが、柄にもなく、緊張してしまい、その時の記憶がないと言います。しかし、セイラーは、二人がプロスペクト理論を一字一句議論しながら、完成させるという瞬間に立ち会うことができました。

R・セイラー

駆け出しの経済学者にとって、ホモエコノミカスの踏み絵に抵抗することは、キャリア上のリスクをとることに他なりませんでした。何とか、コーネル大学に職を得たセイラーは、苦労しながらも、セルフコントロールの理論などを発表し、次第に注目される存在となっていきます。そんな折の1985年、大事件が起こります。合理性を重視する主流派経済学の牙城であるシカゴ大学のビジネス・スクールが、合理主義者と行動主義者を集めて対決する会議を開催したのです。合理主義の巨匠は、後に全員がノーベル経済学賞受賞者となるロバート・ルーカス、マートン・ミラー、ユージン・ファーマでした。そこで、セイラーは、堂々と自説を展開します。大分、度胸がついていたのでしょう。

そして、1995年、セイラーは、シカゴ大学ビジネス・スクールに招聘されます。この移籍はすんなりと決まったわけではなく、相当な反対もあったようです。しかし、一番の反対者のミラーは、最後はこう言って折れました。「どの世代にも、間違った者が必ずいるものだ」と。興味深い言葉です。人間の限定合理性が、主流派経済学者にも、幅広く認められている現在、間違っていたのがセイラーなのか、それともミラーなのか、やがて時が答を出してくれるでしょう（セイラー〔2016〕）。

3 ココロの経済学の向こうに

ここまで、ココロの経済学、俗に言う行動経済学を、多岐にわたって、分かりやすく紹介してきました。異端の学問として出発したココロの経済学ですが、その後、行動経済学として、主流派にも認められる学問となりました。ココロの経済学を活かした21世紀の経済学を構想してみたいと思います。

現代の主流派の経済学の三本柱は、家計・企業の行動・戦略などを分析する「ミクロ経済学」、一国・世界の財サービス・金融・労働などを分析する「マクロ経済学」、経済データを統計的に分析する「計量経済学」から成り立っています。異端派の経済学から、主流派経済学の三本柱には、強い批判が繰り返されてきました。その根幹にあるのが、ホモエコノミカスの合理性の仮定です。ココロの経済学が明らかにしたように、生身の人間への現実妥当性から、合理性の仮定が揺らげば、この三本柱も揺らぎます。

しかし、主流派経済学は、思ったよりもずっとたくましいというのも事実です。行動経済学も、いつの間にか、主流派経済学者から受け入れられるようになり、主流派経済学の

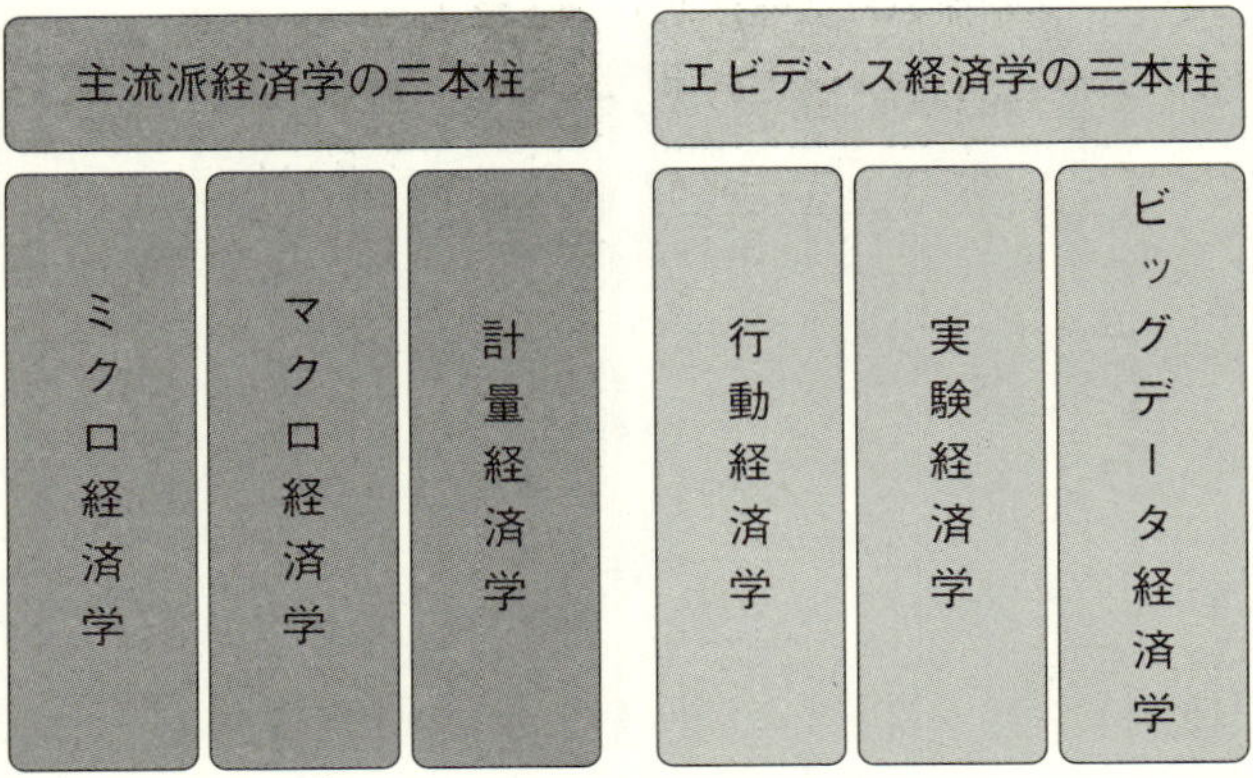

エビデンス経済学の三本柱

いたらないところをサポートする位置づけになりつつあります。主流派経済学は、ゾンビが如き、強靭な生命力を持っているのです。それに、100年以上の時の重みに耐えて、今日の壮大な体系を構築してきた経済学をむげに否定するべきではありません。マーシャル経済学を批判したケインズ経済学も、批判と再批判の応酬の中で、主流派経済学の中に呑み込まれました。戦略的相互依存関係という新しい視点を打ち立てたゲーム理論もいつの間にか、主流派経済学の中に呑み込まれました。

　私も、これほど主流派経済学の分析力と異端派経済学の分析力の間に差がついた今、主流派経済学に反対のための反対をしても、得るところは少ないと思います。行動経済学の良いところを、主流派経済学の中にしっかりと位置づけて、その内奥から経済学を変えていくという未来志向の立場をとります。主流派経済学に対して、対決の立場から、ココロの経済学を学び始めた者としては、忸怩《じくじ》たる思いがありますが、大切なのは霞を食べることではなく、果実を得ることではないでしょうか。

それでは、私の構想する未来の経済学を紹介したいと思います。図の通り、主流派経済学の三本柱に加えて、21世紀の経済学の新しい三本柱を提唱します。ここでは、便宜的に、「エビデンス経済学の三本柱」と名付けましょう。

エビデンス経済学の三本柱

主流派経済学の三本柱であるミクロ・マクロ・計量に、実証とデータを重視したエビデンス経済学の三本柱を加えます。

第一の柱は、本書で解説したココロの経済学である「行動経済学」です。ありのままの生身の人間の限定合理性を基礎に置いて、ホモエコノミカスを補正し、より経済学を実学として耐えるものとします。

第二の柱は、経済理論を仮説検証する具体的な方法である「実験経済学」です。実験経済学には、経済実験室のラボ実験と現実の生活の場であるフィールド実験がありますが、私が重視するのは後者です。

第三の柱は、まだ萌芽が見え始めたばかりですが、人間や企業の大規模なパーソナル・データを活用する「ビッグデータ経済学」です。モノのインターネット（IoT）によって、ビッグデータを自動で収集し、人工知能を用いて、行動変容や生産効率化を実現します。

行動経済学については、十分に言葉を尽くして説明してきました。以下では、新・第二の柱である実験経済学、新・第三の柱であるビッグデータ経済学を、私の経験を踏まえながら解説しましょう。

実験経済学

まずは、実験経済学。その昔、経済学のような社会科学は、自然科学と異なり、理論を直接、実験によって検証できないと言われました。今、このような古い考え方は、二点から修正が必要になっています。第一に、ダーウィンの進化論や物理学の超弦理論のように、実験の検証が困難でありながら、重要な位置を占める自然科学の理論もあります。第二に、経済学の理論を直接的に検証しようという実験経済学が勃興し、経済学の重要な位置を占めるようになっています。

実験経済学は、経済実験室で行われるラボ実験から始まりました。仕切りのついたパソコン画面を見ながら、そこで与えられる指示や情報をもとにして、さまざまな擬似経済的状況（一般にゲーム理論が用いられます）に対して、意思決定を行います。ラボ実験経済学に対する貢献で、2002年のノーベル経済学賞は、行動経済学のカーネマンと一緒に、実験経済学のバーノン・スミス（1927-）に授与されました。しかしながら、2000年前後から、経済実験を現実の生活の場で行うフィールド実験が盛んになりました。この背景には、ラボ実験経済学で行われる意思決定は、参加者の多くが大学生などに偏っており、パソコン画面を使って、実際の生活と切り離された状況での判断を迫られるなど、実験結果の一般妥当性に疑問があったからです。

フィールド実験の歴史は必ずしも新しいものではなく、1920年代にイギリスの近代統計学の祖とも呼ばれるロナルド・フィッシャー（1890-1962）がランダム化の重要性を説いた時に誕生しました。フィッシャーの逸話として、いちばん良く伝わっているのは、「ミルクが先か」「紅茶が先か」の問題にランダム化を活用したことです。紳士と淑女がティーパーティーを開いていた時に、一人の夫人が、「カップには、先にミルクを入れておき、後から紅茶を入れた方が、その逆よりも美味しい」と主張しましたが、誰も相手にしませんでした。そこで、フィッシャーは、先にミルクを入れたカップと先に紅茶を入れたカップを用意し、順番をランダムに並べました。夫人は、でたらめな順番に並べられた2種類のカップで、紅茶を嗜みながら、飲んでいるのがどちらのカップか、全問正答してみせたのです。10杯のカップを偶然で当てる確率は1／2の10乗＝1／1024＝0・01％。これだけの小さな確率にもかかわらず、全問正解したということは、婦人の主張が偶然ではなく、正しく判断された結果と考えて良いでしょう。実際に、2003年6月24日、イギリスの王立化学協会は、「完ぺきな紅茶の入れ方」を発表し、ミルクのタンパク質は摂氏75度になると変質するので、先に熱い紅茶を入れ、後からミルクを注ぐよりも、先にミルクを入れ、後から熱い紅茶を注いだ方が、ミルクのタンパク質が変質しにくいために、より美味しい紅茶となることを証明しました。

その後、1960年代に、アメリカやイギリスにおいて、医療保険・税金の分野や変動型電気料金の分野で、大規模なフィールド実験が行われました。ヘザー・ロスという名前のマサチューセッツ工科大学（MIT）の大学院生が、負の所得税が労働供給に与える影響を調べるために、一定の所得を下回る世帯に対して、税金を納める代わりに、政府が給付金を支払う実験を市民社会の中で実際に行い、負の所得税を導入した結果、負の労働供給効果（働かなくてもお金をもらえると、働こうというインセンティブがなくなること）を持つことが分かりました。さらに、2000年代に入ると、開発経済学や労働経済学の分野でフィールド実験は重宝がられるようになり、変数と変数の相関分析に甘んじてきた経済学に、厳密な因果関係を特定できる学問として、方法論的な革命を引き起こしました。その旗手として名高いのが、MITのエスター・デュフロやシカゴ大学のジョン・リストです（バナジー・デュフロ〔2012〕、ニーズィー・リスト〔2014〕）。

実験経済学の基本原理は、無作為比較対照法と呼ばれます。これは医薬品の評価では、当たり前に用いられていて、因果性を特定する最強の方法として知られています。具体的には、実験参加者をランダムに、トリートメント・グループ（医薬品を服用するなどの介入を受けるグループ）とコントロール・グループ（そうした介入を受けないグループ）に分け、個々人のバイアスに汚されていない介入効果を測るのです。経済学における実験的手法への関心の高まりは、公共事業の甘い見積もりなど、結果ありきのお手盛り行政が社会的に批判を浴びたことと無縁ではありません。正しい手法で正しい経済効果を測定するニーズは、今日の日本では、非常に大きくなっているのです。求められるのは、質の高いエビデンス。

日本で初めて大規模なフィールド実験を行ったパイオニアのひとつが、我々が、経済産業省のプロジェクトの一環として実施した横浜市・豊田市・けいはんな学研都市・北九州市のスマートコミュニティ（スマートグリッド）・フィールド実験です。我々は、東日本大震災直後の2012年から、実験協力世帯に対して、スマートメーターを導入し、30分毎の電気消費量を測定し、電力需給の逼迫度に応じて、変動型電気料金を導入したり、節電要請（ナッジ）を提供したり、様々な節電効果を検証しました（依田ほか〔2017近刊〕）。このフィールド実験は、無作為比較対照法に従っているので、導入した介入がどれだけの節電効果を持っていたのか、厳密な因果関係を特定化することが可能なのです。

フィールド実験経済学を究めるということは、実際の生活の場の中で、生身の人間の行動を観察し、経済理論の検証を行うことなのです。生身の人間は、ホモエコノミカスの想定と異なり、限定合理的な存在です。フィールド実験の結果を分析すると、沢山の意外や不思議に満ち満ちています。解釈に、頭を抱えることもしばしばです。従前通りの主流派経済学の理論だけでは説明がつかず、行動経済学の助けが必要になります。データの仮説検証を行うフィールド実験経済学も、人間の不思議な行動を説明してくれる行動経済学も、エビデンス重視の経済学として共通したバックボーンを持っており、きわめて親和性が高いのです。

†ビッグデータ

それでは、ビッグデータ経済学に話を移しましょう。センサー技術が発展し、インターネットとの接続が、ヒト・モノを問わず、拡大しています。これを、「モノのインターネット（ＩｏＴ）」と呼びます。スマートメーターは、家庭が使った電気消費量の情報を、無線を通じて、電力会社やデータ会社のサーバーに自動転送するＩｏＴ技術の一種です。日本政府は、東日本大震災後の電力危機に対応するため、電力産業の大胆な規制改革を打ち出し、２０１６年４月からは、家庭が自由に電力小売会社を選べるようにする全面自由化を実施しました。それに伴い、２０２０年代初頭には、全国５０００万世帯にスマートメーターを導入することも宣言しています。

全国５０００万世帯にスマートメーターが導入され、30分毎の電気消費量が自動収集されるようになれば、まさにビッグデータです。消費者・電力会社・家電メーカーなどが、電気消費量を元にして、新たな節電対策を考案したり、遠隔操作可能なスマート家電の開発を競ったりするようになるでしょう。

我々の節電フィールド実験は、ＩｏＴを活用したビッグデータの有効利用の代表的な事例です。しかし、データを収集・分析し、価格やナッジを実験参加者に提供しても、それを受け止め、判断し、行動するのは消費者側の自発的意思に委ねられています。これを、我々は「マニュアル・デマンド・レスポンス」と呼びました。人間の合理性には限界があり、与えられた情報に対して、どれだけ有効に反応できるのか、疑問が残ります。自動化技術を援用して、電力会社のサーバーや家庭の家電製品の側で、最適な節電行動を自動的に実現してくれるスマート化が求められています。これを、我々は「オート・デマンド・レスポンス」と呼びました。マニュアルからオートに向かうスマート化に筋道を付けることが、これからの課題です。

日本のスマート化は、東日本大震災の電力危機を受けて、エネルギー分野から始まりました。スマートメーター、スマートシティ、スマートライフ等々。しかし、ビッグデータを用いたスマート化はエネルギー分野に限られるものではありません。むしろ、本命はヘルスケアの分野です。人口の高齢化が進み、要介護状態を避け、健康寿命を伸ばすために、予防や自己管理が重要になっています。少子化も深刻な社会問題であり、母親に優しい子育て支援や妊娠への出産支援が求められています。働き盛りの労働者の健康管理は、特定健診（いわゆるメタボ健診）で推進されているところですが、生活習慣病対策や精神病対策はまだ発展の途上にあります。

こうした時に、ＩｏＴを活用し、健康に関するビッグデータを収集するスマートヘルスケアを活用すれば、病歴・既往歴のカルテ情報と突合しながら、住民自身の身体的・精神的状態をリアルタイムに測定しながら、きめの細かな健康アドバイスを提供することができるはずです。私が常々、スマートライフの入り口はエネルギー、出口はヘルスケアと言っているのは、そういった意味です。

ひとつの問題は、パーソナル・データが雪だるま式に集積されていくと、従来通りの人間の目と経験に頼った勘ピューターでは、データの解析が追いつかなくなることです。個別にカスタマイズ化された健康アドバイスの提供には、機械学習・深層学習など、高度な人工知能を最大限に活用する必要があります。現在の人工知能の技術的ベースは、多種で大量なデータの説明力・予測力を画期的に高めてくれる最新の統計学です。社会科学者にとっても、馴染みの深い分野であり、データサイエンティストとして、活躍の場が広がることでしょう。

行動経済学・フィールド実験経済学・ビッグデータ経済学。このエビデンス経済学の3本の柱が、経済学の教育と研究の中にしっかりと根を下ろせば、とかく、机上の学問と批判されてきた経済学も大きく様変わりすることでしょう。経済学300年の歴史の彼方に、生身の人間のココロのクセをわきまえ、より良い生活を送れるようにアドバイスできる実践的な学問の誕生が待ち望まれます。

ココロの経済学は、経済学の長い歴史を否定するものではありません。むしろ、その膨大な蓄積を実りある方向へと導いてくれる新しい学問です。ここまで、辛抱強く、『「ココロ」の経済学』を読んできて下さった読者の皆さん、皆さんは経済学の数十年に一度の大きな進化・変化を目の当りにしているのかもしれません。素晴らしいことだと思いませんか。私もそのフロンティアを走る一介の研究者として、これからも一生懸命に頑張っていきたいと思います。

あとがき

今、こうして『「ココロ」の経済学』を擱筆《かくひつ》して、自分の経済学研究の遍歴を振り返っています。私が、『「ココロ」の経済学』の研究を志すきっかけとなったのは、1985年、大学1回生の時に、大学前の本屋で、偶然手にした一冊の新書でした。伊東光晴『ケインズ』（岩波新書）です。表紙を開けると、不敵に微笑むケインズの写真が掲載され、辟易する思いで裏返すと、ロシアのバレリーナであった妻リディア・ロポコヴァの可憐な写真がありました。

映画青年は、それでその本を買ったのです。そのまま、吉田山に登って、同書を読みました。経済学は社会改革の学問であり、ケインズ経済学のエッセンスは不確実性にある。深い感銘を受け、著者の欄を見ると、千葉大学教授とありました。その教授が、私の大学入学と同年に、京都大学教授に転じていたのを知ったのは、迂闊にも大学2回生になり、演習を選ぶときでした。

こうして、大学の演習でケインズ経済学を学ぶことになり、私の興味関心は、以来ずっと確率では表現できない不確実性でした。絶好の武者修行の場として、伊東先生にはいつも刃向かい、自分の意見をぶつけました。もちろん、敵うはずもありませんが、次第に学問への情熱が湧き、就職志望から学者志望に転じました。

1990年、私の大学院進学と共に、伊東先生は定年退官され、後任の指導教授として、西村周三先生を強く推薦されました。想像するに、伊東先生は、「先生を先生とも思わない学生」を導くには、よほどの度量が必要であると考えたのでしょう。「指導教授など誰でもよい」と嘯《うそぶ》いたものの、西村先生を指導教授とできたのは幸運でした。丁度、アメリカのハーバード大学での在外研究を終え帰国した西村先生は、流行の兆しを見せていた経済心理学（行動経済学）の演習を開講しました。こうして日本最初の行動経済学のゼミが、先生一人、学生一人で開講されました。

私の当初のテーマは、不確実性をライフワークとしたケインズ経済学者ジョージ・シャックルの理論を使いながら、主流派経済学の期待効用理論を批判的に検討することでした。豊富な問題意識はあるものの、期待効用理論の痛いところに切り込む具体的方法論に欠けていたために、問題点を羅列するだけの論文になりました。その当時のアプローチは理論中心で、実証のツールの習得に欠けていました。1995年、神戸にある甲南大学に就職することになり、研究テーマも、より現実的な話題である電話・電力・ガスなど、ネットワーク産業の規制改革に変更しました。伊東先生が、数多くの規制改革の政府委員を務めており、自然と土地勘が養われ、その分野でも何本か論文を書いていました。

ネットワーク産業の研究で役に立ったのは、ミクロ・データを計量経済学的に分析するツールを身に付けたことでした。こうして、人間行動の仮説を、エビデンスから探る研究の道に進むようになりました。京都大学経済学部の教壇に立ったのは2000年のことです。その翌年の2001年から2002年にかけて、イギリスのケンブリッジ大学での在外研究を挟んで、その当時、流行の兆しを見せていたブロードバンド・サービスの需要行動の計量経済学分析で多くの論文を書きました。

アンケート調査票を用いて、消費者の選好を探る研究を5年続けた頃でしょうか。この手法を用いれば、時間選好や危険選好を用いて、人間のココロのクセの研究もできることに気がつきました。2005年頃のことです。目を付けたのは、喫煙や飲酒など、人間の嗜癖行動でした。時間選好率・危険回避度と嗜癖行動との相関関係を調べることにより、分かっていても止められない人間のココロのクセにも、初めて切り込むことができたように思います。京都大学経済学部で「行動経済学」の講義を担当するようになったのもこの頃です。

こうした研究を積み重ねて、ひとつ大きな不満として残ったのが、変数と変数の関係を調べる相関分析では、人間の行動分析として限界があることです。相関分析からは、原因と結果の間の因果性は分かりません。ココロと行動の間にも、単純な一方向性ではなく、複雑な双方向性があります。どちらが原因でどちらが結果なのか、因果性を特定するためには、無作為比較対照実験を実施するのが最良の方法です。それも、ラボのような隔離された環境ではなく、実際の生活空間の中で仮説検証を行うフィールド実験が望ましいと考えられます。

２０１０年、アメリカ・カリフォルニア州の大学町バークレーのスターバックスで、旧知の田中誠さん、伊藤公一朗さんと雑談する中で、アイデアとして芽生えたのが、ネットワーク経済学と行動経済学の総合としての、スマートグリッド分野におけるフィールド実験経済学です。２０１１年から２０１２年にかけて、カリフォルニア大学バークレー校でのフルブライト研究員訪問を挟んで、東日本大震災後の電力危機に苦しむ日本において、経済産業省プロジェクトの一環として、日本で初めての大規模フィールド実験を運営する幸運に恵まれました。瓢箪から駒とはこのことです。

上に述べたとおり、30年に及ぶ私の『「ココロ」の経済学』の研究の旅も、折り返し点を過ぎ、残された時間の中で、私が取組んできた行動経済学・実験経済学・ビッグデータ経済学を三本柱に据えて、エビデンス重視の経済学を構築していきたいと思います。未来志向で一歩ずつ、進んでいきます。

2016年8月　灼熱の京都にて　著者記す

参考文献

第1章

Heukelom, F. (2014) *Behavioral Economics: A History*. New York, Cambridge University Press.

Ida, T., K. Takemura, and M, Sato (2014) "Inner Conflict between Nuclear Power Generation and Electricity Rates: A Japanese Case Study," Energy Economics vol. 48: 61–69.

Simon, Herbert A. (1955) "A Behavioral Model of Rational Choice." Quarterly Journal of Economics, vol. 69: 99–118

Loewenstein, George and Richard H. Thaler (1989) "Intertemporal Choice," Journal of Economic Perspectives vol. 3: 181–193.

第2章

Ida, T. and R. Goto (2009) "Simultaneous Measurement of Time and Risk Preferences: Stated Preference Discrete Choice Modeling Analysis Depending on Smoking Behavior," International Economic Review vol. 50: 1169–1182.

Kahneman, D. and A. Tversky (1979) "Prospect Theory," Econometrica 47: 263–291.

Kahneman, D. (2003) "Maps of Bounded Rationality: Psychology for Behavioral Economics," American Economic Review vol. 93: 1449–1475.

第3章

伊東光晴（2006）『現代に生きるケインズ――モラルサイエンスとしての経済理論』岩波新書.

尾近裕幸・橋本努編著（2003）『オーストリア学派の経済学――体系的序説』日本経済評論社.

神野慧一郎（1996）『モラルサイエンスの形成――ヒューム哲学の基本

構造』名古屋大学出版会.
後藤玲子（2002）『正義の経済哲学』東洋経済新報社.
小峰敦（2012）「1910年前後における経済学トライポスの改訂――マーシャルの設計とケインズ等の実施」龍谷大学 Discussion Paper Series ISSN 1881-6436.
佐々木憲介（2002）「古典派の経済人概念」経済学史学会年報 41: 71-79.
堂目卓夫（2008）『アダム・スミス――『道徳感情論』と『国富論』の世界』中公新書.
橋本昭一（1989）「経済学トライポスの創設とマーシャル」関西大学経済論集 39: 463-486.
舟橋喜惠（1985）『ヒュームと人間の科学』勁草書房.
馬渡尚憲（1997）『J. S. ミルの経済学』御茶の水書房.
Sugden, Robert（2006）“Hume's Non Instrumental and Non-Propositional Decision Theory,” Economics & Philosophy 22: 365-391.

第4章

ザック，ポール．J（2013）『経済は「競争」では繁栄しない――信頼ホルモン「オキシトシン」が解き明かす愛と繁栄の神経経済学』柴田裕之訳，ダイヤモンド社.
ドーキンス，リチャード（1991）『利己的な遺伝子』日高敏隆ほか訳，紀伊國屋書店.
バトソン，C．ダニエル（2012）『利他性の人間学――実験社会心理学からの回答』菊池章夫・二宮克美訳，新曜社.
ブラム，デボラ（2014）『愛を科学で測った男――異端の心理学者ハリー・ハーロウとサル実験の真実』藤澤隆史・藤澤玲子訳，白揚社.
村井俊哉（2009）『人の気持ちが分かる脳』ちくま新書.
柳澤嘉一郎（2011）『利他的な遺伝子』筑摩書房.
Allcott, H.（2011）“Social Norms and Energy Conservation,” Journal of Public Economics 95（9-10）: 1082-95.
Ida, T . and K . Ogawa（2012）“Measuring the Inequality Aversion Rate, the Social Discount Rate, and the Time Discount Rate Using a Hypothetical Dictator Game,” International Journal of Social Economics vol. 39. 5: 314-329.

Ito, K., T. Ida, and M. Tanaka (2015) "The Persistence of Moral Suasion and Economic Incentives: Field Experimental Evidence from Energy Demand," NBER Working Paper Series 20910.

Gneezy, U., and List, J. A. (2006) "Putting Behavioral Economics to Work: Testing for Gift Exchange in Labor Markets Using Field Experiments," Econometrica 74 (5) : 1365-1384.

Hoffman, Martin L. (1977) "Empathy, its Development and Prosocial Implications," Nebraska Symposium on Motivation 25: 169-217.

第5章

アカロフ, ジョージ. A・シラー, ロバート (2009)『アニマルスピリット』山形浩生訳, 東洋経済新報社.

依田高典 (1997)『不確実性と意思決定の経済学』日本評論社.

伊藤邦武 (1999)『ケインズの哲学』岩波書店.

酒井泰弘 (2015)『ケインズ対フランク・ナイト』ミネルヴァ書房.

サンスティーン, キャス (2012)『最悪のシナリオ——巨大リスクにどこまで備えるのか』田沢恭子訳, みすず書房.

タレブ, ナシーム. ニコラス (2009)『ブラックスワン——不確実性とリスクの本質』望月衛訳, ダイヤモンド社.

第6章

荒川章義 (1999)『思想史の中の近代経済学』中公新書.

依田高典・後藤励・西村周三 (2009)『行動健康経済学』日本評論社.

江頭進・澤邊紀生・橋本敬・西部忠・吉田雅明 (2010)『進化経済学——基礎』日本経済評論社.

カートライト, ジョン. H (2005)『進化心理学入門』鈴木光太郎・河野和明訳, 新曜社.

ダマシオ, アントニオ. R (2005)『感じる脳——情動と感情の脳科学よみがえるスピノザ』田中三彦訳, ダイヤモンド社.

星野仁彦監修 (2012)『大人の発達障害を的確にサポートする!』日東書院本社.

フライ, ブルーノ. S (2012)『幸福度をはかる経済学』白石小百合訳, NTT 出版.

第7章

依田高典・田中誠・伊藤公一朗（2017近刊）『スマートグリッド・エコノミクス――フィールド実験から迫る電力改革』有斐閣.
セイラー，リチャード・サンスティーン，キャス（2009）『実践 行動経済学』遠藤真美訳，日経 BP 社.
セイラー，リチャード（2016）『行動経済学の逆襲』遠藤真美訳，早川書房.
ニーズィー，ウリ・リスト，ジョン．A（2014）『その問題、経済学で解決できます。』望月衛訳，東洋経済新報社.
バナジー，アビジット．V・デュフロ，エスター（2012）『貧乏人の経済学――もういちど貧困問題を根っこから考える』山形浩生訳，みすず書房.
Ito, K., T. Ida, and M. Tanaka（2016）“Information Frictions, Inertia, and Selection on Elasticity: A Field Experiment on Electricity Tariff Choice,” NBER Working Paper Series.
Johnson, Eric and Goldstein, Daniel G.（2003）“Do Defaults Save Lives?” SCIENCE 302（5649）: 1338–1339.

ちくま新書
1228

「ココロ」の経済学《けいざいがく》
──行動経済学《こうどうけいざいがく》から読《よ》み解《と》く人間《にんげん》のふしぎ

二〇一六年一二月一〇日 第一刷発行

著者 依田高典（いだ・たかのり）

発行者 山野浩一

発行所 株式会社 筑摩書房
東京都台東区蔵前二-五-三 郵便番号一一一-八七五五
振替〇〇一六〇-八-四一二三

装幀者 間村俊一

印刷・製本 三松堂印刷 株式会社

〒三三一-八五〇七 さいたま市北区櫛引町二-六〇四
筑摩書房サービスセンター 電話〇四八-六五一-〇〇五三

ISBN978-4-480-06931-3 C0233